虎姑婆調查報告

雅豐斯 Aris／著

【各界名家推薦】

在這本調查報告中，雅豊斯老師幾乎算是蒐羅了世界各地關於「虎」的故事與傳說，並細心作了相互間的差異比較與分析。不僅如此，這本調查報告還有許多關於臺灣諺語的研究，以及世界各地相關經典的整理與解析，更有動物學、植物學及醫學等相關的科學知識，並擴及於「虎」以外的其他動物，可說是一部內容相當豐富的研究集成。尤其在這本調查報告中，還有作者雅豊斯老師親自與神明「訪談」的第一手獨家資料，幽默詼諧之中，其實更是與前後研究資料及相關分析，緊密呼應的有趣調查內容。

其實這本《虎姑婆調查報告》，嚴格來說並非《蓬萊島物語之虎姑娘》的衍生作品，而是雅豊斯老師完全採用最嚴謹的論文格式所撰寫而成的獨立研究，應視為相當具有參考及學術價值的研究報告，更可以作為往後對於相關議題研究有興趣的朋友，作為接續的研究參考，更也可以是對此題材有興趣創作者的重要參考工具書。個人在閱讀《虎姑婆調查報告》之時，對於雅豊斯老師分門別類所整理的古籍資料或各地鄉野傳說，由於很多資料屬於新接觸的內容，讀起來非常新奇有趣，而在研讀之際，更能同時激發更多不同的創作思維與想像空間，對於創作者來說，這本《虎姑婆調查報告》確實會是非常有幫助的創作參考工具書。所以無論是先接觸了《蓬萊島物語之虎姑娘》的故事，因而引發興趣再更深入研究《虎姑婆調查報告》，或是因為研究報告，而想再看看研究者如何給予「虎姑婆」傳說不同的嶄新面貌，相信都會是相當有趣而相輔相成的特殊閱讀體驗，另外對於喜愛創作的朋友來說，《虎姑婆調查報告》更是非常具有參考價值的創作輔助工具。

——秀霖（資深歷史小說家／推理小說家）

清代黃之雋所著〈虎媼傳〉（清．黃承增輯《廣虞初新志》卷十九），是中國最早有紀錄的獸外婆型故事。故事中的姊弟倆年紀相仿，看不出明顯的差異。直到睡前，當虎外婆詢問「兩兒誰肥，肥者枕我而撫於懷。」弟曰不假思索的回答「余肥。」一時，可將弟弟視為天真的代表，故事中弟弟犧牲，故事彷彿也暗示著，在成長路上，往往使孩子們犧牲了天真的性情。

虎姑婆的原型故事，表面上看來是向聽者發出警語，切莫輕信他人，倘若我們更深一層看來，鼓舞著兒童讀者心生勇氣，嘗試採取行動、挑戰現實。故事真正的核心是覺醒，弟弟的犧牲，換來的是姊姊清晰的明辨能力。這是屬於老虎密林的傳承，象徵每位孩子成長的必經之路，無可取代也無法抹滅。透過 Aris 雅豊斯《虎姑婆調查報告》一書仔細的爬梳，以及深入淺出的介紹，讓〈虎媼傳〉以及更多相關文本被看見，是身為研究者與創作者的我開心且樂見的一件事！

——**洪佳如**（大學兼任講師、兒童文學作家）

目次

【各界名家推薦】／002

楔子／009
為什麼是虎姑婆？／015
故事與它們的產地／022

Part 1

東亞的虎文化／027
臺灣民俗中的虎／028
日本文化中的虎／033
韓國文化中的虎／038
馬來文化中的虎／048

我們都是虎的傳人？／051
虎患與倀鬼／056
臺灣是一條鯨魚？／072
《山海經》的虎／080
地名中的虎／090

Part 2

《虎姑婆》的多重宇宙／094
臺灣的《虎姑婆》／095
中國的《虎姑婆》／102
韓國的《虎姑婆》／104
日本的《鬼婆》／107
虎姑婆是哪種虎？／111

Part 3

老虎與女神／115
虎爺／116

全臺唯一「江虎婆」／121
臨水夫人／129
《閩都別記》／132
婆姐／婆者／姐母／134

Part 4

老虎變形記／139
虎變：活人變虎、死人變婆／140
虎變的原因？／146
虎變的命運／160
每個人心中都有一隻老虎／163

Part 5

關於「虎姑婆故事」的七道快問快答／167
一、主角是誰？／168
二、「咔滋、咔滋」的是什麼？／170
三、姊姊爬上去的是什麼樹？／173

四、虎姑婆代表什麼？／176
五、為什麼虎姑婆要吃人？／179
六、為什麼虎姑婆要死在姊姊手中？／180
七、為什麼虎姑婆是被燙死的？／184

故事說完之後……／188

後記／192
《蓬萊島物語之虎姑娘》的創作故事／196
夢的解析／197
狗的地位／201

楔子

很久很久以前，在一個山腳下的村子裡，有一戶人家的爸爸和媽媽出遠門去辦事情，隔天早上才會回來，他們留下姊姊阿金和弟弟阿裕一起看家。

傳說，在附近的深山裡住著一個會吃人的妖怪，於是爸爸、媽媽在出門前特別交代姊姊和弟弟：「你們千萬不能幫不認識的人開門喔！也絕對不能讓陌生人進來家裡，知道嗎？」

姊姊和弟弟很聽話，他們點點頭，答應爸媽他們千萬、絕對不會幫不認識的陌生人開門，於是爸媽放心地出門了。

沒想到，到了半夜，弟弟的肚子突然餓得受不了，一直咕嚕、咕嚕、咕嚕地叫，害他想睡覺也睡不著，只好在床上一直滾來滾去、滾來滾去。

弟弟好想吃東西，可是家裡已經沒有東西可以吃了，於是他幻想著如果有人能把熱騰騰又香噴噴的食物送上門來，那該有多好？

唉！好餓，真的好餓啊！

忽然間，出現了「叩、叩、叩」的聲音。

咦？這麼晚了，怎麼會有人敲門呢？

姊姊從床上爬起來，走到門旁邊，把臉貼在門板上，小聲詢問：「是誰在敲門呀？」

門外傳來一個細細尖尖的老婆婆的聲音：「哎呀！我是姑婆啊！妳不記得我了嗎？我小時候還有抱過妳啊！我知道妳的爸媽出門去了，家裡現在應該沒東西吃吧？我帶了一些點心來給妳吃！好香啊！妳趕快開門吧！」

姊姊覺得很奇怪，她想起爸爸和媽媽說過的話：「你們千萬不能幫不認識的陌生人開門喔！」

於是她大聲回答：「我們才沒有什麼姑婆呢！我不能開門。」

偏偏弟弟一聽到有東西吃，就完全忘記爸爸和媽媽說過的話。他立刻跳下床，衝過去把姊姊一把推開，迫不及待打開門，笑嘻嘻地迎接「姑婆」。

「姑婆，請坐！」弟弟指著客廳的藤編椅子說。

姑婆笑著揮揮手，搖頭道：「哎呀！這個椅子太硬了，硬梆梆的，姑婆的腰不太好，我還是坐在旁邊的水缸上好了！」

姊姊看著姑婆，覺得她好奇怪，她的臉上怎麼會有鬍子呢？而且明明有椅子她為什麼不坐，堅持坐在水缸上面？

原來啊，這個姑婆就是住在山裡面的老虎精。牠必須坐在水缸上面，才能把牠屁股上那條長長的尾巴藏起來，不被姊姊和弟弟發現。

咕嚕、咕嚕、咕嚕，弟弟的肚子實在是餓得受不了，他嘟起嘴巴，伸手拉拉姑婆的袖子說：「姑婆，我好餓，我想吃您帶來的點心。」

姑婆笑著摸摸他的頭說：「乖！只要你跟我一起上床睡覺，我就給你點心吃。」

「好呀！」貪吃的弟弟開心地拉著姑婆到自己的床上，和她一起睡覺。

過了一會兒，隔壁床的姊姊被一陣奇怪的聲音吵醒。

「喀啦、喀啦、喀啦，喀啦、喀啦、喀啦。」

咦？這個聲音聽起來，怎麼跟村長家的狗「來福」在咬骨頭的聲音這麼像啊？

姊姊睜開眼睛，但是家裡沒有點蠟燭，一片黑漆漆的，什麼也看不清楚，她只好鼓起勇氣，大膽地問：「姑婆、姑婆，請問您在吃東西嗎？我肚子也有點餓了，可不可以分我吃一點？」

「哎呀，姑婆吃的是花生，小孩子晚上吃花生會拉肚子。」

「可是我的肚子好餓，餓到睡不著，如果吃點東西，應該很快就能睡著。」

「呵呵呵，好吧，那妳就好好品嚐吧！」

姑婆尖銳的笑聲，聽起來好詭異。她丟給姊姊一個軟軟的，摸起來還溫溫的小東西。姊姊仔細地摸一摸，嚇了一大跳，這不是弟弟的小指頭嗎？

怎麼辦？牠一定就是傳說中會吃人的虎姑婆！而且弟弟竟然被可怕的虎姑婆吃掉了！我一定要趕快想辦法逃走才行！不然我一定也會被虎姑婆吃掉的！

——摘錄自Aris雅豊斯《蓬萊島物語之虎姑娘》，釀出版（秀威），二〇二四年十二月，頁十八－二十。

為什麼是虎姑婆？

從小我就著迷於各種妖怪故事，例如《虎姑婆》、《蛇郎君》、《桃太郎》、《浦島太郎》、《一寸法師》、《天鵝公主》、《小美人魚》、《傑克與豌豆》、《天方夜譚》、《西遊記》、《封神榜》、《聊齋誌異》，還有希臘神話；動漫則偏愛《幽遊白書》、《靈異教師神眉》、《鬼神童子 ZENKI》、《封神演義》、《犬夜叉》、《陰陽師》、《航海王》。長大後則沉迷於《山海經》、《百鬼夜行》、《宗像教授異考錄》以及臺灣妖怪研究，還有各種與妖怪、精靈、魔法、神話、傳說、異世界、神祕學、心理學（特別是榮格心理學）有關的書籍、動漫及影視作品。當代現象級作品如《鬼滅之刃》、《全知讀者視角》、《葬送的芙莉蓮》都在我的守備範圍中。

這些廣義的「奇幻」類型作品之所以吸引我的原因，我想應該是創意無窮的魅力。奇幻作品有無限大的想像空間，能展現作者豐富的創意及想像力，特別是作者對於文化、歷史、傳說、風土等多元領域的深入研究，讓人想一探奧秘。其次是未知的冒險旅程，奇幻作品大多結合冒險元素而成為主角的英雄之旅，主角一路冒險、戰鬥、解謎，不停遭遇逆境卻依然努力克服困難，身為讀者，在見證主角的成長與成熟的過程中，總能從中共感共鳴、自省反思，進而有所收穫。最後一點，大概是奇幻生物很可愛、魔法師很酷。身為一名純種麻瓜，除非轉生到異世界成為勇者（或史萊姆），或有來自異世界的妖精和我締約使我成為魔法少女，否則我絕對不可能學會魔法還有奇幻寵物常伴左右。這種「人生而平凡」的不甘心，唯有浸淫在奇幻作品中才能消弭。

本書源於我的小說《蓬萊島物語之虎姑娘》。「物語（ものがたり）」即故事，特別是奇幻故事，如《竹取物語》、《千一夜物語》（即《天方夜譚》）、《指輪物語》（即《魔戒》）。

二〇一七年九月，當時我剛寫完《律政女王》初稿，旋即琢磨新作品題材，忽然想到日本文豪「太宰治」曾經寫過一系列的翻案小說，若是要寫一部臺灣的翻案小說，那麼我應該寫什麼呢？突然間靈光一閃，想起了《虎姑婆》。

小時候每逢寒暑假，我爸媽會帶我和兩個弟弟一起從臺北搭火車回臺中，到阿公阿嬤家住一段時間，陪陪老人家。阿嬤家很大，是一座有前後空地的傳統三合院。每當我和弟弟們在家裡跑來跑去，還把中鋪的木板床當成彈簧床在上面跳上跳下「嘰嘎叫」的時候，阿嬤就會沉著臉嚇唬我們：「恁喔！不加恬一寡，較停仔會被警察抓抓去喔！」

咦？警察不是專門抓壞人的嗎？為什麼會來管我們這些在家裡玩耍的小孩呢？他們也管太多了吧？長大之後我才明白，歷經日治時期及威權統治的阿嬤應該對警察沒有好印象。

比起都市，鄉下的夜晚總是很早降臨。不過八、九點，爸媽就開始輪番催促我們上床睡覺，而他們說的床邊故事總是已經聽過八百次的《虎姑婆》。不過爸爸講的故事和媽媽講的內容有點不一樣，媽媽說虎姑婆吃弟弟的小指頭，咬得「咔滋、咔滋」；爸爸說虎姑婆食甲「摳摳摳（kháunnh-kháunnh-kháunnh）」。媽媽說姊姊爬到樹上，用滾燙的熱油淋死虎姑婆；爸爸則說姊姊燒滾水，將虎姑婆「沃死（ak-sí）」。

總之飾演壞人的虎姑婆，下場就是唯一死刑。而不管講者是爸爸或媽媽，結局永遠都是同一句話：「你們不趕快閉上眼睛睡覺的話，等一下會被虎姑婆抓走！」身為臺灣小孩真是壓力山大，每天都生活在恐懼之中，白天要怕警察，晚上還要怕虎姑婆，難怪大家長大成人後，性格都變得這麼扭曲（笑）。

言歸正傳，為什麼虎姑婆是「姑婆」，而不是「伯公」、「叔公」、「舅公」或「姨丈」呢？這裡有沒有對女性，尤其是對「未婚女性」的偏見[1]呢？畢竟姑婆除了稱呼祖父／外祖父的姊妹或其同輩女性親友外，也被用來稱呼那些已過適婚年齡卻未出嫁的女性，並且帶有負面貶義，例如「老姑婆」就是老處女的意思。依照臺灣傳統習俗，未婚女子死亡後不能入列祖先牌位接受祭拜，俗語有「厝內無祀（sū）姑婆」、「紅格桌頂無祀（tshāi）老姑婆」的說法。還有「厝內姑婆，愈拜愈沒」、「厝內拜姑婆會倒房」，認為家中祭拜死亡的未婚女子，可能會導致家運衰亡。

欸，真是越想越奇怪耶，為什麼全臺灣爸媽最愛的床邊故事、人氣最高的反派角色、小孩集體童年陰影之史上最強惡女《虎姑婆》，是一位會吃人的「老妖婆」[2]呢？這個人設及故事背後，是否有不為人知的祕密？

好奇心驅使我一邊創作小說，一邊深入研究《虎姑婆》，意外發現虎姑婆非常國際化，在東亞國家如中國、臺灣、日本、韓國、越南、新加坡等地，竟然都流傳著相同的故事：老虎、熊、狼或妖怪會假扮成姑婆、外婆或媽媽等女性長輩，在夜晚接近小孩並吃掉他們。而在馬來西亞、越南、印尼爪哇及蘇門答臘、印度、緬甸等地，傳說有些人能變身為老虎，稱為「虎人」。

有趣的是，我注意到臺灣繪畫大師林玉山[3]（一九〇七－二〇〇四）有一幅畫，名為《虎姑婆》[4]，畫中虎姑婆是一位拄著枴杖的老奶奶，手上提著一只竹籃，裡頭裝著香及金紙，要去廟裡拜拜，畫作上方有毛筆題字，寫著：「性善姑婆、處世慈和。世人為何，歪曲許多。為哄孩童，以惡傳訛。滿腹牢騷，有口難辯。不理俗塵，世事處誠。禮拜祈求，心安恆泰。」

想不到我竟然和大師所見略同，依林玉山所見，虎姑婆虎性本善，卻遭世人抹黑誣陷。更特別的是，這幅畫總共有兩個版本，第一幅繪製於一九八五年，為林玉山在臺灣師範大學課堂上的戲作，據說他十分喜歡這幅畫，故特別題字幫虎姑婆平反，此畫現為私人收藏。一九九六年，林玉山再次重繪《虎姑婆》，雖然人物服裝造型依舊，但更加栩栩如生，也有相同內容的毛筆題字，可見這幅作品在大師心中占有一席之地。這也加深了我一定要出版這本書的念頭（握拳）。

多年來，我就像是一人真相調查委員會，在律師工作之餘苦苦追尋與虎姑婆有關的一切。然而遺憾的是，研究成果只有一小部分能融入小說《蓬萊島物語之虎姑娘》之中，望著堆疊成山的研究資料，我心想，如果沒有進行系統化的整理似乎太可惜，於是我又花了我一年半（二〇二三年大年初三到二〇二四年八月本書終於完稿）的時間爬梳資料、整理書寫，還在不知不覺中蒐集到更多資料（笑），期間甚至遠赴韓國首爾及德國法蘭克福參加國際書展，試圖發掘更多關於虎的故事。奇妙的是，我多年來苦苦追尋、甚至大費周章地繞了世界半圈想找到的答案，竟然不是遠在天邊，而是近在眼前，恰恰就在我視為第二故鄉的臺南！（詳見本書 Part 3）這讓我不禁在想，是否冥冥之中自有定數，須待一切因緣俱足？

以下是我近七年來的研究成果，一切就從很久很久以前開始說起……

註釋

1 提出相同質疑者，請參見簡齊儒，〈臺灣虎姑婆故事之深層結構—以自然與文化二元對立觀之〉，《成大中文學報》第四十三期，二〇一三年十二月，頁二七二—二七三；張依依，〈小紅帽與虎姑婆的原型、原型故事模式分析及其對傳播效果影響之探討〉，《實踐博雅學報》第二十八期，二〇一八年七月，頁三十四。

2 有見解認為，將女性與鬼魅意象結合，或與瘋狂、醜怪等負面特質連結，始於父權社會對於女性恐懼、憎惡情緒的想像，因而將其貶抑化、賤斥為理性權力中心的邊緣位置。於是瘋狂、不潔、醜怪、焦慮、歇斯底里成為一個女性鬼魅特質的符號群體。參見陳秀華，《臺灣女鬼：民俗學裡的女鬼意象》，臺灣東販，二〇一八年七月，頁二四七。

3 本名林英貴，字立軒、玉山，臺灣日治時期嘉義廳嘉義街美街（今嘉義市東區中央里成仁街）人，為臺灣近代美術史上的宗師級人物之一，與畫家陳進、郭雪湖有「台展三少年」之美名。曾任教於嘉義中學、靜修女中與臺灣師範大學。林玉山擅長膠彩畫及水墨畫，尤其擅長描繪老虎，作品《蓮池》為文化部列冊之中華民國國寶。

4

故事與它們的產地

在幾個世紀以前，法國偏遠山區流傳一個詭異的民間故事，名為《外婆的故事》，故事敘述小女孩在前往外婆家的路上於森林中遇見狼人，狼人搶先一步闖進外婆家，殺死外婆並分屍，還將外婆的血裝入水瓶，再將外婆的肉放入櫥櫃，偽裝成外婆儲備的食物，因此小女孩誤食外婆的血肉，接著褪下自己的衣服、襯裙及襪子，丟入火堆中燒毀，最後爬上床，躺在狼人身邊。相似的情節，也出現在義大利民間故事《假外婆》中，小女孩經過一條河與城門（而非森林），遇見女食人魔（而非狼人），女食人魔烤了外婆的耳朵，並燉煮她的牙齒，小女孩爬上床後才發現，女食人魔竟然長得又高又大而且毛絨絨的，還有尾巴[1]。類似的故事流傳在亞洲時，狼人與女食人魔變成了母老虎，成為大家耳熟能詳的《虎姑婆》。

《虎姑婆》故事廣泛流傳於亞洲各地，而且版本眾多，不過它真正的起源已經不可考。昔日中國民俗學者丁乃通曾有意與中國民間文藝學家段寶林合作研究虎姑婆故事，他在一九八三年十二月二十九日寫給段寶林的信中提到，研究虎姑婆故事首先要蒐集故事：「我過去找到了一百另幾個，以它在中國流傳之廣而論，決計是太少了，我想如果好好的找尋，兩千個異文都應可以找到的（事實上異文並不一定要故事內容不同，只要語言或任何細節有差別便可算了）。」[2]

在現存的中文文獻中，最早的《虎姑婆》故事為清代黃之雋（一六六八－一七四八）的小說〈虎媼傳〉，收錄於清代黃承增輯《廣虞初新志》卷十九，內容敘述歙縣（安徽省東南一帶）的老雌虎會偽裝成人類的模樣，到村莊裡害人，大意如下：

某日，有對小姊弟奉父母之命帶著棗子去拜訪外婆，卻不小心迷路，路上遇到一隻老虎假扮的老婆婆，自稱是他們的外婆，於是姊弟倆便跟著老虎外婆一起「回外婆家」。姊弟倆在洞穴裡吃完晚餐後，便在老虎外婆的要求下一起上床睡覺。半夜，姊姊聽到吃東西的聲音，老虎外婆說牠在吃棗子，並且遞給姊姊一顆，沒想到所謂的棗子竟然是人類的手指。於是姊姊嚇壞了，藉口要下床去上廁所。但老虎外婆說，外面有老虎很危險，牠將一條繩子繫在姊姊的腳上，再放她出去。

姊姊出來後，這才發現她腳上的繩子竟然是一條人類的腸子，她趕緊偷偷解開腸子，然後爬到樹上、躲了起來。老虎外婆發現後，立刻跑到樹下叫姊姊趕快下來，還恐嚇她樹上有老虎很危險。姊姊說：「妳才是老虎，妳怎麼這麼狠心竟然吃掉我弟弟？」於是老虎外婆氣噗噗地離開樹下。

姊姊一直在樹上等到天亮，剛好有一名挑夫經過，他聽到姊姊的呼救，便決定故布疑陣。他先將姊姊的衣服掛在樹上，再帶著姊姊迅速離開現場。不久之後，老虎外婆竟然帶著兩隻老虎回到樹下，再指向樹上掛著的衣服說：「她在那兒！」兩隻老虎立刻合力折斷大樹，沒想到說好的人肉竟是「衣」場騙局，於是牠們氣得咬死老虎外婆後才離開現場[3]。

從〈虎媼傳〉可以看出《虎姑婆》故事的基本架構：主角為一對姊弟，反派是喬裝為女性長輩的老虎妖怪。主角的父母外出，老虎妖怪上門，弟弟犧牲，姊姊機智逃生，最後老虎妖怪被殺死。再精簡一點，就是老虎精冒充女性長輩要吃小孩，被機警的小孩識破並且殺害。瞭解故事梗概之後，接下來我們先從民俗角度來談談東亞文化中的虎。

註釋

1 凱瑟琳・奧蘭斯妲著，楊淑智譯，《百變小紅帽：一則童話的性，道德和演變》，張老師，二〇〇三年八月，頁八十九—九十。

2 張瑞文，《丁乃通先生及其民間故事研究》，中國文化大學中國文學系碩士論文，二〇一一年，頁一四一。

3 歙居萬山中，多虎，其老而牝者，或為人以害人。有山，使其女攜一筐棗，問遺其外母。外母家去六里所，其稚弟從，年皆十餘，雙雙而往。日暮迷道，遇一媼問曰：「若安往？」曰：「將謁外祖母家也。」媼曰：「吾是矣。」二孺子曰：「兒憶母言，母面有黑子七，婆不類也。」曰：「然。適簸糠蒙於塵，我將沐之。」遂往澗邊拾螺者七，傅於面。走謂二孺子曰：「見黑子乎？」信之，從媼行。自黑林穿窄逕入，至一室如穴。媼曰：「而公方鳩工擇木，別構為堂，今暫棲於此，不期兩兒來，老人多慢也。」草具夕餐。餐已，命之寢，媼曰：「兩兒誰肥，肥者枕我而撫於懷」弟曰：「余肥。」遂枕媼而寢，女寢於足，既寢，女覺其體有毛，曰：「何也？」媼曰：「而公敝羊裘也，天寒，衣以寢耳。」夜半，聞食聲，女曰：「何也？」媼曰：「食汝棗脯也，夜寒而永，吾年老不忍飢。」女曰：「兒亦飢。」與一棗，則冷然人指也。女大駭，起曰：「兒如廁。」媼曰：「山深多虎，恐遭虎口，慎勿起。」女曰：「婆以大繩繫兒足，有急則曳以歸。」媼諾，遂繩其足，而操其末。女遂起，曳繩走，月下視之，則腸也。急解去，緣樹上避之。媼俟久，呼女不應，又呼曰：「兒來聽老人言，毋使寒風中膚，明日以病歸，而母謂我不善顧爾也。」遂曳其腸，腸至而女不至。媼哭而起，走且呼，彷佛見女樹上，呼之下，不應。媼恐之曰：「樹上有虎。」女曰：「樹上勝席上也，爾真虎也，忍啖吾弟乎！」媼大怒去。無何，曙，有荷擔過者，女號曰：「救我，有虎！」擔者乃蒙其衣於樹，而載之疾走去。俄而媼率二虎來，指樹上曰：「人也。」二虎折樹，則衣也，以媼為欺己，怒，共咋殺媼而去。

Part 1

東亞的虎文化

虎，以其威猛、兇殘、令人畏懼卻也崇敬的形象在東亞文化中占有一席之地。從百萬年前的考古化石，到千年以前的甲骨文、卜辭及青銅玉器，是虎存在已久的證明，牠們深深地影響了在這片土地上生活的人們，從東亞文化、藝術、宗教信仰、神話及民間故事中有大量的虎符號、虎圖騰、虎繪畫、虎崇拜及虎傳說，可見一斑。

虎的象徵具有二元對立性，正面的共同象徵為力量、勇氣及守護。由於各地生態環境、歷史背景及文化傳統等差異，使得虎在臺灣、日本、韓國、中國及馬來西亞有不同內涵，更具有地域獨特性。

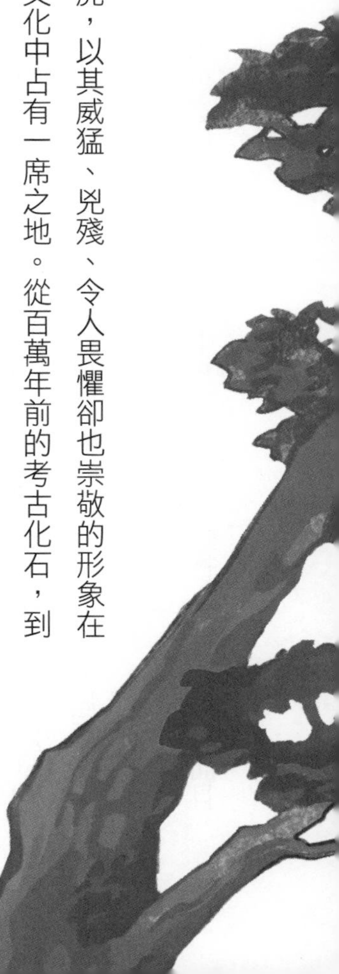

臺灣民俗中的虎

虎被稱為「山獸之君」、「百獸之長」、「森林之王」，但山地比平地多的臺灣沒有老虎，偏偏許多臺灣俗語又與虎有關，例如「驚某若驚虎。」怕老婆就像怕老虎一樣，顯示老婆是一種媲美猛虎的危險動物。「上山毋通惹虎，入門毋通惹某。」上山不要招惹老虎，回家不要招惹老婆，是為人夫的生存之道。「惹熊惹虎，毋通惹著刺查某。」招惹熊或虎都沒關係，只要不要惹到母老虎就好，意即「潑婦猛於虎」。

「人沒害虎心，虎有傷人意。」引申為防人之心不可無。「畫虎畫皮無畫骨，知人知面不知心。」則是比喻人心難測。「拍虎掠賊也著親兄弟。」打虎或抓賊這種危險的事，只有親兄弟才有辦法一起做，比喻手足之情最為可靠。「走賊拄到虎。」才剛被盜賊打劫一空，卻又遇到老虎，比喻禍不單行。「入虎口，無死也烏漚。」、「入虎喉，無死也臭頭。」一意指羊入虎口，不死也只剩半條命。

從這些臺灣俗語可以看得出來，在臺灣人的心目中，虎是一種威猛、兇狠、危險而且十分恐怖的動物，走路遇到老虎絕對是倒大楣。不過老虎再怎麼可怕，也沒有太太（或刺耙耙）可怕，所以絕對不能讓太太（或刺耙耙）不開心。不過俗語也說：「驚某大丈夫，拍某豬狗牛。」意即太太是要拿來疼的，尊重、疼惜太太的丈夫，才是真正的男子漢，而對太太暴力相向的丈夫，簡直是豬狗不如！

俗語中的虎當然也有正面意涵的例子，例如「虎鼻師」是稱讚嗅覺很靈敏的人；「虎喙斗」是形容人吃東西不挑食。「虎頭燕頷」形容人的相貌威猛，一臉富貴相；「虎獅盤牆」比喻小孩子精力旺盛、爬高爬低，能像老虎或獅子一樣翻牆。「土地公無書號，虎不敢咬人。」則有傳說典故，據說以前老虎經常跑到村莊裡攻擊百姓或牲畜，於是人們向土地公求助，土地公便上山收服了老虎，將牠變成自己的坐騎，此後老虎傷人都必須得到土地公同意，因此那些被老虎所傷之人，都是一些為非作歹的惡徒[1]。

流傳於嘉義地區的俗諺「笨港媽祖，麻園寮老虎，打貓大士，梅仔坑帝祖爺」則與宗教信仰有關，係指「笨港天后宮」的媽祖、「麻園寮肇慶堂」的虎爺、民雄大士爺及梅山玄天上帝，這四間廟宇因香火鼎盛而遠近馳名[2]。「麻園寮」是嘉義縣新港鄉的舊稱，因盛產芝麻及麻油，故以「麻」為名。肇慶堂祀奉土地公及虎爺。笨港天后宮建於康熙三十九年（西元一七〇〇年），嘉慶初年水災沖毀建築，廟內神明及文物暫時移至肇慶堂內安奉。嘉慶十六年，重建新廟完成，並經嘉慶皇帝賜名為「奉天宮」，於是原笨港天后宮的神明及文物便從肇慶堂移至奉天宮安奉[3]。日治時期，日本政府將肇慶堂原址改為辦公廳，故將土地公及虎爺移至奉天宮祀奉[4]。

民俗中的虎亦涉及迷信或禁忌，例如「白虎吞胎」。白虎是一種天狗，觸犯白虎的婦女稱為「石女」，將一生不孕，必須請道士作法才能破解。還有孕婦在夜裡不得外出，否則會觸犯「黑虎神」，對胎兒不利[5]。此外，寅年生的人生肖屬虎，由於虎性兇猛，因此屬虎之人必須迴避參加喜事或祭祀，不能擔任伴郎、伴娘，也不能進入新娘房、月內房（產婦坐月子的房間）以及嬰兒房，以免「煞到」對方或自己。結婚迎親時，新娘禮車上要掛一條生豬肉；神明遶境時，進香走在最前面的報馬仔，手上拿的油紙傘上也要掛著生豬腳，都是為了要防範白虎煞，讓白虎叼走生豬肉，才不會傷害新娘及報馬仔[6]。

臺灣習俗也認為虎有噬病懲惡的能力，民間流行在紙上畫一隻老虎，再把老虎剪下來，稱為「紙虎」。人們相信紙虎能吃掉惡疫與病痛，生病的人只要用冥紙剪成虎的形狀燒化，就能恢復健康[7]。紙虎也可以用來打擊對手或懲罰惡人，只要在給官府的密告書中附上一張紙虎，因為虎會咬人，所以密告必定奏效，稱為「紙虎密告」[8]。後來這類寄黑函或四處張貼傳單、中傷別人的行為，就叫做「放紙虎[9]」。

讓小孩子配戴虎符，穿戴虎帽、虎鞋，則有避邪驅魔之效[10]。「虎頭鞋」是傳統童鞋造型之一，依臺灣禮俗，在兒童的滿月、四個月、滿周歲時，外婆家會送來衣鞋，叫「作頭尾」，虎頭鞋、虎頭帽即是贈禮之一[11]。「虎頭帽」為嬰兒抓周時戴的帽子，民間傳說三歲以下的孩子能看見許多成人看不到的東西。因此要讓孩子腳穿虎頭鞋，身穿百毒衣或老虎肚兜，頭戴虎頭帽、頭枕虎頭枕[12]，逢端午節則要配戴虎型香包，方能百毒不侵，健康成長。

註釋

1 參見劉文三，《台灣宗教藝術》，雄獅，一九七六年，頁四十七。轉引自高佩英，《臺灣漢人社會動物神靈信仰與文化之研究》，國立暨南國際大學歷史學系博士論文，二〇一七年，頁五十九，註一一四。

2 高佩英，《臺灣漢人社會動物神靈信仰與文化之研究》，國立暨南國際大學歷史學系博士論文，二〇一七年，頁八十一。

3 新港奉天宮歷史沿革，財團法人嘉義縣新港奉天宮全球資訊網，https://www.hsinkangmazu.org.tw/about2.aspx

4 高佩英，臺灣漢人社會動物神靈信仰與文化之研究，國立暨南國際大學歷史學系博士論文，二〇一七年，頁八十－八十一。

5 片岡巖著，陳金田、馮作民譯，《臺灣風俗誌》，大立，一九八六年版，頁四九二、四九三。

6 林茂賢，〈臺灣人的老虎意象〉，《臺灣博物季刊》第一五三期，二〇二二年三月，頁八。

7 片岡巖著，陳金田、馮作民譯，《臺灣風俗誌》，大立，一九八六年版，頁四六四。

8 同前註，頁四三五。

9 伊能嘉矩手稿：放紙虎https://dl.lib.ntu.edu.tw/s/ino/item/873527#?c=&m=&s=&cv=&xywh=-71%2C-805%2C1416%2C3285

10 片岡巖著，陳金田、馮作民譯，《臺灣風俗誌》，大立，一九八六年版，頁四七三。

11 虎頭鞋，臺灣民俗文物辭典，https://dict.th.gov.tw/detailPage.aspx?ID=62&Ca=47

12 虎頭帽，文化部典藏網，國家文化記憶庫，https://memory.culture.tw/Home/Detail?Id=14000060127&IndexCode=MOCCOLLECTIONS

*本書所有網路連結最後瀏覽日為二〇二四年十一月九日。

日本文化中的虎

日本和臺灣一樣沒有老虎，因此日本文化中的虎應是繼受自中國及朝鮮。相較於中文，日文與虎有關的詞彙也比較少：「虎の尾を踏む」踩虎尾巴，指故意去做極其危險的事情；「虎の威を借る狐」狐假虎威；「虎を描いて狗に類す」畫虎不成反類犬；「虎は千里の藪に住（棲）む」老虎住在千里叢林中，意即優秀的人會在能發揮才能的廣闊環境中生活，良禽擇木而棲；「張り子の虎」紙老虎；「虎になる」變成虎，指人在喝醉後變得無所畏懼，醉後亂鬧，或是酩酊大醉。

根據日本留傳至今最早的正史《日本書紀》記載，五四五年時，欽明天皇（五〇九－五七一）派遣到百濟的武人，於打虎之後將虎皮帶回日本。而位於中國東北的渤海國，也曾於七三九年及八七二年派遣使者到日本時，贈送虎皮予日本[1]。

日本雖然沒有老虎，但與虎有關的故事、怪談卻也不少。傳說在江戶時代，有一家賣扇子的店主買了小牛，再把小牛從頭到腳都用虎皮包起來，偽裝成老虎的模樣。店主將這些「虎牛」帶去表演，賺了很多錢。為了不讓小牛發出聲音，他竟然把小牛的嘴縫了起來，小牛因此無法進食，幾天之後便會死去，於是店主又再買新的小牛來製作「虎牛」。可能是因此受到報應，店主後來患了心病，最後竟然模仿牛的叫聲後死去[2]。

在日本知名江戶小說《南總里見八犬傳》中有一則「畫虎點睛」的故事，吳國送給宇多天皇（八六七－九三一）一隻老虎，有「畫聖」之稱的宮廷畫師「巨勢金岡」便以這隻老虎為模特兒繪製一幅老虎畫卷，由於他畫得活靈活現，使畫中虎彷彿有了靈魂。為防止老虎從畫裡跑出來，巨勢故意留白、不畫上虎的瞳孔。奇怪的是，巨勢的畫完成後，模特兒虎卻好像靈魂被人奪走一樣，死在籠子裡。多年後，某位畫師被迫幫畫中虎點上眼珠，沒想到老虎竟然從畫卷中一躍而出，緊接著一口咬死畫師並且逃之夭夭。這隻靈虎橫行京都、造成死傷無數，後來被犬江親兵衛收服，重回畫卷[3]。

山口縣周防大島的橘町則有老虎襲擊人類的傳說，有一位老奶奶和她的兒子、孫子一起去參拜八幡神，半路上兒子卻突然失蹤了。孫子告訴奶奶，一個有四隻黃色的腳的東西把爸爸帶到竹林裡了。老奶奶覺得很奇怪，便走進竹林查看，結果發現一隻大老虎正在吃她的兒子[4]。因此日本的爸媽也和臺灣的爸媽一樣，習慣以凶猛的老虎來嚇唬小孩，要小孩乖乖聽話，不然「虎狼來了」。

但有趣的是，日本同時也創造出人見人愛、風靡東亞的老虎偶像——巧虎（しまのしまじろう）。

《巧連智》月刊堪稱兒童界的聖經，主編內田伸子表示，小朋友要在快樂的氣氛下才有辦法學習，而一個可愛的人物角色有助於親子溝通，藉由一個和孩子對等的第三者角色能讓親子之間對話更有效。於是有時是壞孩子、有時是乖寶寶，最喜歡朋友、會一直陪在小朋友身邊的「巧虎」應運而生[5]。

巧虎是一隻擬人化的老虎，他是一個有朝氣又有自信的男孩子，很會替別人著想，善良並且熱心助人，喜歡探險、踢足球以及吃甜甜圈，在團體中扮演領隊的角色，害怕打雷和水，討厭青椒。自一九九三年起播出的電視動畫《可愛巧虎島》（しましまとらのしまじろう），描寫主角巧虎一家與朋友們在美麗的世外桃源「巧虎島」上的生活及冒險，角色均為擬人化的動物，但也有妖精和魔女。《可愛巧虎島》中還有「虎姑娘」——巧虎的妹妹小花（しまのはな），「虎姑婆」——巧虎的媽媽小櫻（しまのさくら）及巧虎的奶奶堇（しまのすみれ）[6]。

日本民俗上認為虎是吉祥的動物，據說牠能「日行千里而返」（一日にして千里を行き、千里を帰る），而且有旺盛的生命力，因此人們會向虎祈願，希望虎能保佑戰士從戰場上平安歸來。在太平洋戰爭期間，人們會特別請生肖屬虎的女性幫忙縫製「千人針」[7]給士兵們。在愛知縣還流傳一種說法，只要請生肖屬虎的男性畫一對雌雄虎畫像，並將雌虎畫像留在家中，將雄虎畫像帶上戰場，這樣士兵就能平安歸來。人們也相信，將虎的畫像或是虎型裝飾放在房前屋後，就能防止霍亂等疫病。昔日霍亂流行時，大阪道修町的藥店便特製一種含虎頭骨的藥丸，名為「虎頭殺鬼雄黃丹」，將藥丸拿去神社祈禱後，再將藥丸連同「張子の虎」（一種有平安符功能的虎型偶）一起分發給人們治病[8]。

註釋

1 楊明珠，〈日本原本沒老虎　還以為豹是母老虎〉，中央社，二〇二二年一月三十一日，https://www.cna.com.tw/news/aopl/202201310063.aspx

2 虎皮の牛，【妖怪図鑑】新版ＴＹＺ，二〇二一年十二月三十日，https://tyz-yokai.blog.jp/archives/1079977856.html

3 無瞳子の虎，【妖怪図鑑】新版ＴＹＺ，二〇二四年二月二十日，https://tyz-yokai.blog.jp/archives/1083123490.html

4 虎，【妖怪図鑑】新版ＴＹＺ，二〇二二年一月一日，https://tyz-yokai.blog.jp/archives/1079986129.html

5 李姿瑩，〈巧虎像藝人跨國征服兒童〉，《中國時報》，二〇一六年一月十一日，https://tw.news.yahoo.com/%E5%B7%A7%E8%99%8E%E5%83%8F%E8%97%9D%E4%BA%BA%E8%B7%A8%E5%9C%8B%E5%BE%81%E6%9C%8D%E5%85%92%E7%AB%A5-215005525.html

6 可愛巧虎島，維基百科，https://zh.wikipedia.org/zh-tw/%E5%8F%AF%E6%84%9B%E5%B7%A7%E8%99%8E%E5%B3%B6

7 源自日俄戰爭的「千人針」是一種護身符，婦女們在白色或黃色棉布條上，以一條紅線用一人一針的方式縫出一千個針結，送給即將上戰場的士兵，祈求武運昌隆、平安歸來。在太平洋戰爭時期，日本政府利用千人針來激發社會大眾的戰意，同時凝聚向心力，並且將它推廣到臺灣，配合皇民化政策來動員婦女。參見千人針，臺史博線上博物館，https://the.nmth.gov.tw/nmth/zh-tw/Item/Detail/f2812407-cbfd-4726-9d0b-792af0863bf7

8 虎，【妖怪図鑑】新版ＴＹＺ，二〇二二年一月一日，https://tyz-yokai.blog.jp/archives/1079986129.html

韓國文化中的虎

韓國自詡為「虎之國」，這裡的虎有兩種意涵：「虎患」與「以虎為精神象徵」。

在韓國的虎稱為「朝鮮虎」，牠們與東北虎或滿州虎一樣都是西伯利亞虎。不過韓國的豹稱為「豹虎」（표범），昔日韓國曾將豹視為雌虎，稱為梅花虎（매화범），或是豹、虎不分，均視為同一種生物[1]。因此在文獻中常出現的捕「虎」照，有時候是豹（遠東豹，又稱為朝鮮豹、東北豹或滿洲豹）[2]。在民間繪畫中也常見虎被畫成豹[3]、豹頭虎身[4]或虎頭豹身的模樣。

西伯利亞虎是所有老虎中體型最大的，毛皮條紋偏褐色而非黑色，為了禦寒，牠們的體毛也比其他虎來得更加濃密也更長一些。西伯利亞虎主要分布於俄羅斯西伯利亞地區南部，也可見於朝鮮長白

十八世紀末，韓國捲軸中繪製的老虎家族（作者不詳）。

山一帶以及中國東北地區。目前全球野生西伯利亞虎存活數量僅五百隻左右，但在韓國已經見不到牠們的身影[5]。

長久以來，虎與朝鮮人民共存，說明韓民族起源與共同體意識最具權威的古朝鮮建國神話〈檀君神話〉中，即有老虎一角。傳說虎與熊想要變成人，而去求天神桓雄幫忙，桓雄給牠們一把艾草及二十顆蒜頭，說只要在一百天內只吃艾草和蒜頭且不見陽光，就能變成人。於是虎與熊便拿著艾草及蒜頭躲進山洞裡。過了幾天，虎因受不了飢餓與無聊便丟下熊，獨自跑出山洞；熊則咬牙忍耐、苦苦等待，最終蛻變成一個漂亮的女人，被稱為熊女。桓雄化為男子與熊女結婚並育有一子，即檀君王儉，後來成為古朝鮮的開國國王，統治國家超過千年以上，並成為阿斯達山的山神，永遠守護著國家[6]。

《高麗史》則記載了朝鮮王朝的開國君主太祖李成桂（一三三五－一四〇八）的祖先虎景（호경）與山神結婚的傳說。相傳虎景擅長射箭與狩獵，自稱「聖骨將軍」，在白頭山周圍遊歷。某天他與同伴一起去抓老鷹時，不巧遇到老虎，唯獨虎景一人生還。後來山神現身，自稱寡婦，想和虎景結為夫妻，共同治理山林。虎景被封為山中大王，並與山神生下兒子康忠[7]。

昔日韓國虎患非常嚴重，根據韓國現存最早的完整史書《三國史記》中的〈新羅本紀〉記載，在八八五年間曾有老虎闖入新羅王宮。在朝鮮王朝時代，漢城常有老虎入侵[8]。傳聞太祖李成桂原為次子，而他的同母哥哥（嫡長子）在某次狩獵途中遭老虎突襲、咬住脖子，因而失去性命[9]。

由於朝鮮王朝時代的林業政策（禁伐松樹）與農地擴張（人虎爭地），使虎患問題惡化[10]，民間不斷出現以被老虎吃剩的屍體來舉行葬禮的「虎食葬」（호식장），或是超度這些亡魂的「虎神祭」（범굿），百姓們甚至以「虎患天花」（호환·마마）的並列說法來形容當時最可怕的兩件事情[11]。囂張的老虎不只在仁王山和北岳山出沒，還跑到皇宮裡逛大街，迫使朝鮮太宗李芳遠（一三六七—一四二二）成立「捕虎軍」（착호갑사，直譯為「捕虎甲士」），考試招募擅長木劍、鐵劍、騎射、騎槍、跑步、舉重的勇者們來打老虎、保護皇宮及其成員。凡是用弓箭或長槍捕獲兩隻老虎以上的人，就能免考試直接任命[12]。二〇二二年，LINE WEBTOON與BTS防彈少年團合作的原創網路漫畫及小說《7 FATES: CHAKHO》，創作靈感即是來自於捕虎軍。

在慶尚南道河東郡流傳一則「孫將軍英勇打虎」的傳說故事。孫將軍是一位智謀過人的將軍，某天他在回鄉的路上遇到一群年輕人和一位老僧。老僧遞給孫將軍一面神奇的鏡子，他在鏡子裡發現那些年輕人其實是偽裝成人的老虎，而田裡的農民們則是鹿。孫將軍立即喝斥、揭穿老虎的偽裝，並用刀劍擊退牠們[13]。

特別的是，儘管虎嚴重威脅朝鮮人民的生活，他們卻將恐怖轉換為敬畏，將老虎當成聖獸崇拜，更奉為山神使者，如山神祠裡的山神圖像中一定會有老虎。人們甚至還將老虎擬人化，使牠成為有人性、有幽默感的存在，如民間故事常見的開場白：「很久很久以前，當老虎還在抽菸的時候……」[14]又或者在民間繪畫中，虎被畫得溫柔、友善，就像是一隻大貓[15]。

在韓國民俗中，虎被認為是能避邪的動物，人們會攜帶虎爪或收藏畫有虎的符咒來驅邪。特別是在代表四隻虎的寅年、寅月、寅日、寅時製作的「四寅劍」，因純陽之氣而具有強大的辟邪功能[16]。又因禍福從門進，故新年時也會在門上貼一幅老虎畫（歲畫）[17]。

朝鮮的虎患一直延續至日治時期（一九一〇年八月二十九日至一九四五年九月二日），日本作家中島敦（一九〇九－一九四二）的小說《獵虎》中記載了一個真實故事：某天晚上，在京城東小門外的駐在所內，有隻老虎抓得入口處的玻璃窗吱吱作響，令巡查整整一個小時膽顫心驚[18]。由於獸害太嚴重，故一九一〇年至一九四〇年間，日本政府實施「害獸驅除政策」，旨在消滅包含虎、豹、狼在內的所有害獸，導致生態系統被破壞、大量動物被屠殺。根據紀錄，朝鮮半島的最後一隻老虎於慶州大德山襲擊砍柴民眾，在一九二一年死於獵槍之下[19]，自此大家就再也沒看過老虎出沒了。

但虎成為韓國的精神象徵也是在日治時期，原因則和領土形狀有關。一九〇三年，日本地質學家小藤文次郎（一八五六－一九三五）在《東京帝國大學理學部紀要》以英文發表〈朝鮮的地形概略〉（An Orographic Sketch of Korea）一文，以朝鮮半島的形狀將朝鮮比喻成一隻面向中國的兔子：「眾所周知，義大利的形狀像一隻靴子。而朝鮮的形狀則像一隻站立的兔子。全羅道是後腿，忠清道是前腿，黃海道到平安道是頭部，咸鏡道是比例過大的耳朵，江原道到慶尚道則是肩膀和背部。[20]」不過這個說法引起朝鮮詩人崔南善（一八九〇－一九五七）的不滿。

一九〇八年，崔南善在自己創辦的《少年》雜誌創刊號中撰文抨擊「順兔說」，稱「朝鮮半島＝兔子」以及「朝鮮半島人具有像兔子一樣溫柔順從的氣質，應該受到保護」都是日本合理化殖民統治的說詞[21]。因此他提出「猛虎說」，主張朝鮮半島應該是一隻老虎：「朝鮮就像一隻抬起腳奔向東亞大陸的猛虎，未來朝鮮將進取、擴張，無限發展。」[22]

高麗大學博物館藏有一幅繪於二十世紀初、作者不詳的《槿域江山猛虎氣像圖》[23]（근역강산맹호기상도），即是參照崔南善提出的「猛虎」概念繪製。畫家生動地描繪出一隻姿態獨特的老虎，牠有黃褐色的虎身、細膩的條紋及虎毛，與周邊藍色的海洋形成強烈對比。老虎揚起了雙爪、身體呈現S形的跳躍狀，眼中充滿殺氣，充分地表現出老虎的威猛與力量且氣韻十足。

從此，虎成為韓國的代表動物。在第十屆亞洲運動會及一九八八年漢城（現名首爾）奧運會共同的吉祥物為太極虎「多里」[24]，又稱為「霍多里／虎多利」（Hodori, 호돌이）。霍（Ho）是韓語虎（호）的意思，而多里（Dori, 돌이）則是小個子的男生。霍多里以幽默、勇敢及高尚的積極形象示人，脖子上掛著奧運五環項鍊，頭上戴著韓國傳統帽子，帽子上的彩帶呈現S形，象徵漢城的英文名稱Seoul[25]。二〇一八年平昌冬奧會的吉祥物則是白虎「守護郎」[26]（수호랑, Soohorang），由守護（Sooho, 수호）及老虎（horang, 호랑）組合而成。白虎自古以來被認為是韓國的守護神獸，守護郎具有挑戰精神與熱情，也是值得信任的夥伴，保護著運動員、觀眾及其他冬奧會參與者[27]。

虎作為韓國的國家象徵，也是民族集體意識、民族精神與文化認同的代表，這不僅源自於歷史傳統，更呼應了韓國人的心靈需求及自我期許。

註釋

1 범, Namu wiki, https://namu.wiki/w/%ED%91%9C%EB%B2%94

2 小倉紀藏，《用心了解韓國：通往韓式心靈的十二個關鍵字》，聯經，二〇一四年十一月，頁二八〇。

3

4

5 呂幼綸，〈西伯利亞虎就是東北虎、朝鮮虎〉，社團法人中華民國保護動物協會，二〇一四年三月十三日，https://www.apatw.org/project-article/1048

6 參見李正珉、鄭潤道、金恩美、崔世勳、金佳圓編，張鈺琦、林文玉譯，《源來如此：形塑韓國文化DNA的經典傳說》，凌宇，二〇二一年五月，頁一〇八—一一二、一四〇。

7 한국문화사, 우리역사넷, http://contents.history.go.kr/front/km/view.do?levelId=km_040_0070_0020

8 曾筱如，〈何以稱為虎之國：朝鮮虎與韓國〉，《藝術家》，第五六一期，二〇二二年二月，https://

www.artist-magazine.com/edcontent_d.php?lang=tw&tb=8&id=17581

9 小倉紀藏，《用心了解韓國：通往韓式心靈的十二個關鍵字》，聯經，二〇一四年十一月，頁二七九。

태조 이성계(李成桂)의 형제들, Naver Blog, https://m.blog.naver.com/PostView.naver?blogId=chlee0505&logNo=221040402440&targetKeyword=%EC%9D%B4%EC%84%B1%EA%B3%84%20%ED%98%95%EC%A0%9C%20%ED%98%B8%EB%9E%91%EC%9D%B4&targetRecommendationCode=1&keywordSearchType=TEXT&fromRecommendationType=KEYWORD_SEARCH&targetRecommendationDetailCode=1

10 한국문화사, 우리역사넷, http://contents.history.go.kr/mobile/km/view.do?levelId=km_040_0050_0050_0010

11 한국문화사, 우리역사넷, http://contents.history.go.kr/front/km/view.do?levelId=km_040_0050_0050

12 한국문화사, 우리역사넷, http://contents.history.go.kr/front/km/view.do?levelId=km_040_0050_0050_0020_0010

13 손장군 이야기, 디지털하동문화대전, https://www.grandculture.net/hadong/search/GC03401018?keyword=%ED%98%B8%ED%99%98&page=1

14 小倉紀藏，〈用心了解韓國：通往韓式心靈的十二個關鍵字〉，聯經，二〇一四年十一月，頁280-281。

15

16 이석재, "순양의 기운을 벼려 삿됨을 베다, 사인검（四寅劍）", 국가유산청, https://www.cha.go.kr/cop/bbs/selectBoardArticle.do?nttId=29161&bbsId=BBSMSTR_1008

17

18 小倉紀藏，《用心了解韓國：通往韓式心靈的十二個關鍵字》，聯經，二〇一四年十一月，頁二八〇。

19 전인지, 한국인과 호랑이, 제687회 큐레이터와의 대화, 2022년 8월 17일, 국립중앙박물관, https://www.museum.go.kr/uploadfile/curator/ebook/2022/cu-687/book.html

20 Bunjiro Koto. "An Orographic Sketch of Korea." Journal of the College of Science, Imperial University, Tokyo, Japan, vol. XIX, article 1, 1903, p. 3.

21 한반도 형상 호랑이 vs 토끼, Namu wiki, https://namu.wiki/w/%ED%95%9C%EB%B0%98%EB%8F%84%20%ED%98%95%EC%83%81%20%ED%98%B8%EB%9E%91%EC%9D%B4%20vs%20%ED%86%A0%EB%81%BC

22 김두규, "Why '김두규 교수의 國運風水（국운풍수）' 日의 '조선 토끼론'에 맞선 '조선 맹호론'", 朝鮮日報, 二〇一一年九月十八日, https://www.chosun.com/site/data/html_dir/2011/09/16/2011091601291.html?fbclid=IwZXh0bgNhZW0CMTAAAR3kObc2fNNWSF_U7WI3wRGze6WG8zZtH55bPVlea03eqLk81RTgb-JKpDs_aem_07vuSaZqqYt1op5rtS1t3Q

23

24 任以芳，〈亞運史永不說再見！來看「歷屆獎牌、吉祥物」珍藏杭州亞運博物館〉，《ETtoday新聞雲》，https://www.ettoday.net/news/20231009/2598923.htm#ixzz8eZ1sm2On

25 一九八八年首爾奧運會吉祥物，國際奧林匹克委員會，https://olympics.com/zh/olympic-games/seoul-1988/mascot

26 守護郎和半月熊，維基百科，https://zh.wikipedia.org/wiki/%E5%AE%88%E8%AD%B7%E9%83%8E%E5%92%8C%E5%8D%8A%E6%9C%88%E7%86%8A

27 二〇一八年平昌冬奧會吉祥物，國際奧林匹克委員會，https://olympics.com/zh/olympic-games/pyeongchang-2018/mascot

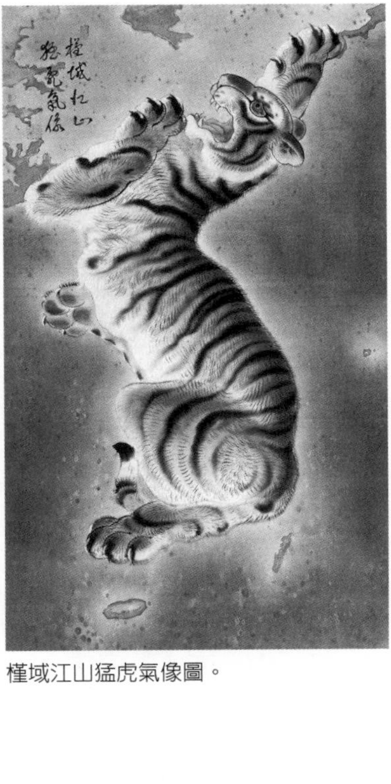

槿域江山猛虎氣像圖。

馬來文化中的虎

馬歡曾隨鄭和三次下西洋，並且將下西洋遊歷各國的親身經歷撰寫成書，名為《瀛涯勝覽》，其中「滿刺加國」（即麻六甲蘇丹國，現為馬來西亞）記載：「山出黑虎，比中國虎略小，其毛黑色，亦有暗色花毛虎。亦有虎為人，入市混人而行，自有人識者擒而殺之[1]。」

馬來半島的虎為馬來亞虎，俗稱馬來虎，是二〇〇四年新確認的老虎亞種，體型較小，分布於馬來半島南部的馬來西亞與泰國境內[2]。馬來西亞素來以老虎及鱷魚為患，虎、鱷傷人或咬死人時有所聞。民間稱虎為「伯公馬」、稱鱷魚為「伯公魚」，因為山地大伯公為虎、鱷的控制者，虎、鱷是祂的坐騎。據說大伯公手裡拿的元寶（象徵財富），事實上不是元寶，而是虎的睪丸，如果虎不聽祂的話，只要祂大力一捏，虎就會痛得死去活來，因此虎對大伯公是唯命是從，不敢反抗！老人家常說，若在山裡遇到虎、在水裡遇到鱷，只要大聲向大伯公祈求：「大伯公多隆（tolong，馬來話救命之意）」，大伯公就會前來相助，保你平安無事[3]。

柔佛峇株巴轄（Batu Pahat）有一位華人打虎英雄。一五一一年，馬六甲王朝敗退到柔佛而有意開發峇株巴轄，但當地老虎眾多。某日蘇丹在夢中得到一位白髮老人的指引，從新加坡召來失業的華人林本，並給他一支獵槍和百發子彈。林本成功解決虎患問題，使當地得以順利開發。而在芙蓉（早期稱為Sungai Ujung，現為Seremban），華人礦工間曾經有此一說：「老虎專吃人，不吃年輕人。」這大概是礦主為鼓勵華工進入老虎出沒的深山中採礦而編造的說詞[4]。

厲害的是，馬來西亞的老虎還會從馬來亞半島游過海峽，到新加坡本島覓食、尋找繁殖地。據考究，一八三一年九月八日《新加坡紀年報》（*Singapore Chronicle*）是史上第一則虎患報導：一名華族伐木工人在歐南路（俗稱四排坡）某華人廟宇後方的森林裡被老虎咬死。該名工人的屍體被友人發現時，只剩下頭部和其中一條腿的部分殘骸，四周都是老虎留下的明顯足跡。一八三九年五月《新加坡自由報》（*The Singapore Free Press*）報導，有兩名華人在實龍崗路被老虎叼走。之後隨著新加坡商業繁盛，市區範圍不斷擴大，老虎到市區「進餐」的路程也縮短了，導致新加坡虎患更為嚴重。在一八四〇、五〇年代，新加坡因有成群食人虎而臭名遠播，俗稱的「獅城」幾乎要改稱「虎城」。而一八六〇年代，虎患達到最高峰，一年之中竟有近三百人被老虎咬死。

為除虎患，政府決定祭出重賞，而重賞之下也必有勇夫，當時青壯男性們紛紛組織虎殺隊，對老虎趕盡殺絕。據記載，一九三〇年十月二十六日，在蔡厝港二十六公里附近的叢林中，新加坡的最後一隻馬來虎被打死，虎殺隊的全體隊員及獵犬們還特別和那隻老虎屍體合影留念。自此之後，新加坡再也沒有老虎了[5]。

註釋

1 馬歡，《瀛涯勝覽》，中國哲學書電子化計劃，https://ctext.org/wiki.pl?if=gb&chapter=566144

2 馬來亞虎，維基百科，https://zh.wikipedia.org/zh-tw/%E9%A9%AC%E6%9D%A5%E4%BA%9A%E8%99%8E

3 廖文輝，〈馬新民間傳說初探〉，《成大中文學報》第三十九期，二〇一二年十二月，頁一八八。

4 同前註，頁一八四－一八五。

5 參見侯佩瑜，〈新加坡曾鬧近百年虎患　一年三百人被咬死　重賞打虎後終將之滅絕〉，紅螞蟻，二〇二一年九月二十三日，https://www.redants.sg/good-reads/story20210923-5545?fbclid=IwAR0NmIXe_5dZo7FYyRuTFg9JXOPVB_50L6SBod0lkOyuJkqJZUyxL0FfsvU

我們都是虎的傳人？

創世傳說

在中國的少數民族中，有一些民族的神話故事與虎有關，例如彝族的創世史詩古歌謠《梅葛》[1]的歌詞大意為：遠古宇宙混沌未分，尚無天地，格茲天神就讓九個兒子來造天，讓七個姑娘來造地。天地造好之後缺乏撐天柱，於是格茲天神用老虎的四根大骨作為撐天的柱子，再用老虎的屍體變成天地萬物[2]。

白族勒莫人、納西族摩梭人喇氏、土家族以及赫哲族阿克騰卡氏的始祖起源傳說均為女子與虎結合之後，生下該族的祖先；珞巴族的傳說則為一名女子在樹上受孕，生下虎哥與人弟[3]。

如今鄂倫春族依然將虎視為山神的化身，而且不能直呼虎名；赫哲族的獵人則不能獵虎，若在山中遇到虎，還必須叩頭迴避[4]。每年的九月九日是赫哲族的「鹿神節」，赫哲族人會舉行盛大的慶典祭祀虎神，人們會供奉酒肉，並在薩滿的帶領下跳鹿神舞，祈求虎神保佑打獵豐收、部族人丁興旺[5]。

《後漢書．南蠻西南夷列傳》有古代巴人崇虎之記載：「巴郡南郡蠻，本有五姓：巴氏，樊氏，瞫氏，相氏，鄭氏。皆出於武落鍾離山。其山有赤黑二穴，巴氏之子生於赤穴，四姓之子皆生黑穴。未有君長，俱事鬼神，乃共擲劍於石穴，約能中者，奉以為君。巴氏子務相乃獨中之，眾皆歎。又令各乘土船，約能浮者，當以為君。餘姓悉沈，唯務相獨浮。因共立之，是為廩君。」、「廩君於是君乎夷城，四姓皆臣之。廩君死，魂魄世為白虎。巴氏以虎飲人血，遂以人祠焉。」順利完成擲劍與水上漂任務的巴氏子，成為巴郡及南郡地區五姓居民的首領，被尊稱為「廩君」。廩君死後，魂魄化為白虎，於是他的後人即以人祭虎。晉代干寶《搜神記》則有廩君後人能變身之記載：「江漢之域，有『貙人』，其先廩君之苗裔也，能化為虎。」

相傳為古代巴人後裔，今日居住在湖北及湖南一帶的土家族仍信仰白虎，但將白虎分為「坐堂白虎」及「過堂白虎」兩種，前者為祖神、家神，必須崇敬祭拜，後者則為邪神、凶神，必須驅趕收服[6]。

在印度與緬甸交界的 Naga Hills 地區部落，當地人相信人和虎（或豹）的祖先有密切關聯。傳說第一神靈、世界上的第一隻老虎和第一個人，都是由同一位母親所生。神靈和人忙著照顧母親，但老虎卻在住家周邊不停製造麻煩。三者的飲食習慣也不同，老虎吃生食，人吃熟食，神靈則吃煙薰乾的食物。常常要處理家庭矛盾令母親乏了，她決定在叢林裡立一個標靶，最先觸靶者勝，可以住在村莊裡，最輸的那一方則必須留在叢林裡。比賽開始後，神靈以射箭方式最先觸靶，而人類則在奔跑中觸靶，並聲稱自己比老虎先觸靶。於是怨憤不滿的老虎被留在叢林中。儘管之後老虎和人類之間存在許多衝突，但他們仍然視彼此為兄弟[7]。

虎圖騰崇拜

《列子・黃帝》記載：「黃帝與炎帝戰於阪泉之野，帥熊、羆[8]、狼、豹、貙[9]、虎為前驅，鵰、鶡[10]、鷹、鳶為旗幟，此以力使禽獸者也。」上古時代的中國有虎圖騰崇拜，崇虎的民族即自稱為「虎族」，根據殷墟甲骨文紀錄，商代有一個方國名為「虎方」，位於漢水流域以南或淮水流域[11]。卜辭中記載，商王在派出軍隊征伐時，會卜問是否要以「禘」祭來祀虎，以祈求其保佑，推測虎在商代晚期可能是邊疆神祇[12]。

虎紋為商周青銅器中常見的紋飾，尤其昔日被稱為「饕餮紋」的商代青銅器「獸面紋」，亦有研究指出，經以甲骨文字進行特徵比較，獸面紋與「龍」字及「虎」字的相似程度最高。如再以時間、季節、材質、器物種類及祭祀習俗等綜合判斷，因虎屬金，代表日落及秋天，當時又有「祭虎」[13]的習俗，而獸面紋又是被刻在用來烹煮食物的金屬青銅鼎上，故認為獸面紋為虎紋的可能性最高[14]。

部分商代晚期至西周初期的青銅器上有「人虎母題」造型：一虎或二虎左右對稱張口，口前有一人或人首（亦有猴、鬼魅之說）的形象，如商代中期安徽阜南出土的龍虎紋銅尊、泉屋博古館藏商代晚期的銅卣。此母題早期常以「虎食人」稱之，但是否確實為老虎張口吃人，有待商榷。人虎母題自上世紀八十年代以來開始廣受學者關注，但其文化意義眾說紛紜，在主流的巫術、虎食人說法外，還有虎方族徽說、圖騰說、人披虎皮狩獵說、窮奇食人說等。惟如結合有虎形、虎紋飾的商周青銅器的「器類」，以及文獻與卜辭中有關虎的記載可知，商周時期虎的形象與軍事有緊密關聯，許多青銅武器上都有具象或抽象的虎形或虎頭形，應有藉由虎之威猛彰顯軍人武勇、以求克敵制勝的寓意。再參照卜辭中虎為商王征伐前的祈求對象，則虎食人也可能是身為保護神的虎，正在攫食商朝的敵人，因此人虎母題可能是戰爭祈勝或祈勝紀念的表現[15]。

民間習俗認為虎能避邪，東漢應劭《風俗通義．祀典．桃梗、葦茭、畫虎》記載，除夕在門上掛桃人、用葦草編的繩索，或在門上畫老虎，能驅鬼避凶。若生病或遇到不乾淨的東西，則可喝虎皮水、配戴虎爪避邪[16]。臺灣及中國閩、粵地區則有驚蟄「祭白虎」的習俗，以豬血或生豬肉拜祭用黃紙繪製的紙老虎。相傳白虎能驅除百毒蟲害，拜祭白虎能為自身及家人祈求平安順遂，驅除惡運和病害，消災解困。在驚蟄這一天，除了祭白虎之外，也流行打小人、引貴人[17]。

虎患與倀鬼

人們敬虎如神，卻也避虎如禍，因為野生的老虎會吃人。中國歷史上有許多「虎患」的紀錄，在秦昭襄王時期即有白虎作亂[1]。漢代應劭《風俗通義·宋均令虎渡江》：「九江多虎，百姓苦之，前將募民捕取，武吏以除賦課，郡境界皆設陷穽。」宋代陸游《入蜀記》謂江蘇「山出瑪瑙石，多虎豹害人，往時大將劉寶，每募人捕虎於此。」

清代彭遵泗記錄明末張獻忠入四川的《蜀碧》中稱四川「多虎豹，形如魑魅饕餮，然穿屋頂踰城樓而下，搜其人必重傷，斃即棄去，不盡食也。白晝入城市，遺民數十家，日報為虎所害，有經數日，而一縣之人俱盡殘者。」

相傳被老虎吃掉的人，他的魂魄會變成老虎的奴隸，供虎使喚並引導老虎去吃人，稱為「虎倀」或「倀鬼」。成語「為虎作倀」典出唐代裴鉶《傳奇》，原指被虎咬死的人，靈魂將化為鬼而為虎所役使，後引申為幫惡人做壞事，同「助紂為虐」。俗語則有「狼無狽不行，虎無倀不噬」的說法。

註釋

1 明代陳繼儒《虎薈》卷一：「秦昭襄王時，白虎為害，自秦蜀巴漢患之。昭王乃重募國中有能殺虎者，邑萬家，金帛購之。」

國寶級的臺灣叛徒國旗：藍地黃虎旗

旗中黃虎尚如生，國建共和怎不成？天與臺灣原獨立，我疑記載欠分明。

（賴和，〈臺灣通史十首〉之七改作）[18]

前文提到，朝鮮為對抗日本殖民，自詡為「虎之國」。巧合的是，比朝鮮更早被日本殖民的臺灣，也以虎為象徵設計「藍地黃虎旗」作為亞洲第一個共和國「臺灣民主國」

（the Republic of Formosa）的國旗。

一八九五年（清光緒二十一年），大清帝國在甲午戰爭中戰敗，於同年四月簽訂《馬關條約》將臺灣、澎湖與周邊島嶼割讓給日本。丘逢甲（一八六四－一九一二）等臺灣仕紳決定援引「萬國公法」使臺灣成為獨立的政治實體，並計畫誘之以利，開放利權予外國列強，期待引入外國干預，進而迫使日本放棄臺灣主權[19]。遂於同年五月二十五日宣布建立臺灣民主國，國號「永清」（意即永戴聖清），以黃虎旗為國旗，並由時任巡撫兼署臺灣防務唐景崧出任總統、丘逢甲為副總統，劉永福為大將軍（後接任總統）。二日後，臺灣獨立的消息首次躍上國際媒體，英國倫敦《泰晤士報》在第五版第四、五欄以「臺灣宣布成立共和國」為標題，報導臺灣建國乙事[20]。

當時臺灣有一位擁有官方核發記者證、唯一來自西方的美籍戰地記者禮密臣（James Wheeler Davidson，一八七二－一九三三），見證了臺灣民主國的建國，並且記錄下他眼中的國旗：「藍色襯底為背景中間有隻狀似飢餓的黃斑老虎，尾巴翹得半天高，和普通老虎該有的模樣大異其趣。」[21]時任淡水海關稅務司的馬士（Hosea Ballou Morse，一八五五－一九三四）則說，國旗上繪有一隻老虎，「在空中搖揮著又長又富於攻擊性的尾巴」[22]。

時任軍務局委員陳昌基在《臺島劫灰》中記載：「虎旗，旗用五幅藍紡綢所做中用黃粉橫畫黃虎一隻……虎旗掛後適為大雨沾濕，午後一時虎形全沒。」[23]

問題來了，為什麼臺灣民主國會以「虎」為象徵？

根據一八九五年五月三十一日《香港日報》報導指出，臺灣民主國為了表示臣服於大清，所有龍的旗幟都遭到銷毀，而以虎旗代之[24]。「藍地黃虎」是對應大清的「黃底青龍」，清代旗幟以不同動物圖騰表達位階高低，龍為最高級的統帥，虎則為二級的漢軍將領，龍、虎二旗皆有代表吉祥如意的雲紋及代表光明的火紋為裝飾。另以不同顏色代表八旗軍種，黃旗軍（正黃、鑲黃）最強、人數最多，其次為白、紅、藍。因此臺灣民主國選用代表漢軍將領的「黃虎」以及殿後的「藍旗」，確實有避免僭越「祖國」之意[25]。至於臺灣有沒有老虎不是問題，畢竟中國也不產龍！

據研究推測，臺灣民主國至少有三面黃虎旗原旗，不過目前國立臺灣博物館典藏的「國寶」[26]黃虎旗卻是一九〇九年製作的「摹本」，它是一面三三〇×二六四公分的大型棉布製彩繪旗幟，一旗兩面，中央處均彩繪有形象對應之黃色老虎圖像，正面瞳孔圓睜、背面瞳孔半開，象徵一日一夜。虎背上方有紅色火紋，前腳間有一雲紋。右上角縫接藍色織品痕跡明顯；右下角有大範圍缺失，導致老虎後腳圖像不可辨，呈現不規則的刀形[27]。

一八九五年六月三日，日軍攻陷基隆，基隆炮臺懸掛的「基隆旗」經炮轟後破損，該旗之後被送到日本。緊接著日軍進入臺北城，六月十七日首任臺灣總督樺山資紀在臺北舉行始政祝典，然後日軍開始一路南征，十月二十一日進入臺南府。臺灣民主國從建國到滅國，只有短短的一百五十天。十一月十八日樺山資紀宣告臺灣「全島悉已平定」。

一九〇九年，臺灣總督府博物館獲得日本宮內省允許，委請畫家高橋雲亭（一八七二－一九四九）依日本皇宮振天府所藏「基隆旗」製作摹本一幅。依當時新聞報導，日本製作摹本是為了因應臺北新成立的博物館「臺灣總督府民政部殖產局附屬博物館」（即國立臺灣博物館的前身）展示所需，摹本「與本品分毫無異。見者不辨其真偽。」推測原旗應仍在日本，但確切下落不明[28]。

有趣的是，在日治時期，這面黃虎旗除了是「臺灣民主之國旗」，也被稱為「臺灣叛徒國旗」，到了戰後則被視為「臺灣義民抗日」的象徵[29]，卻又因為「民主」二字被警備總部盯上，認為有思想上的問題[30]。同樣的一面旗幟，卻因為政權更迭、各自解讀而有不同意涵，箇中恩怨情仇剪不斷，是非功過理還亂，一如臺灣人的命運及自我認同。

一九五三年，丘逢甲之子丘念台為紀念臺灣民主國五十九週年，特別邀請畫家林玉山依摹本重新摹繪一面三〇五×二七三公分的黃虎旗（後稱「林玉山版黃虎旗」），不僅補全破損的旗尾，背景也是文獻記載的藍色，完成後典藏於國立臺灣博物館。緣該旗形象完整，遂為坊間流傳最廣的黃虎旗版本[31]。

走筆至此，我們再把鏡頭拉回一八九五年四、五月，來看看當時的臺灣人民如何看待這面旗？有一首作者及創作時間不詳的《臺灣民主歌》是這樣唱的：

四月城內出告示，眾人迎印（臺灣民主國總統之印）去交伊，民主國號三大字，山頭拉起百姓旗[32]。

百姓旗，在臺灣人民心中，它是一面承載自由意志、象徵自立自強、保家衛土的百姓旗。民主國領導者唐景崧、丘逢甲及劉永福，分別於六月及十月「阿婆仔閬港」（làng-káng）[33]逃往大清，顯然在他們心中，「抗日」是臺灣老百姓自己的事。實際上，給予日自軍迎頭痛擊者，並非都是受過訓練、武器較為精良的正規軍，更多的是臺灣各地老百姓自行組織的「義軍」，甚至連婦女、兒童及老人都紛紛起義，拿起武器加入作戰行列。

《東北新聞》於一八九五年十月一日關於第二團後備隊第四聯隊第二中隊的報導中提到，「臺北一帶之婦女多有纏足，無法為用，臺北以南之地則不同，足部大小乍看與男子無異，僅髮樣歧異，實難分男女之差異，男女皆強壯有力，甚為驚人」，「婦女亦能持竹槍或鈍刀襲擊日本軍人」。[34]

日本隨軍記者大谷誠夫於《臺灣征討記》[35]中記載：「我們從潛伏處暗中窺伺敵人的動靜。只見每二十人或每三十人成群，集在這處、集在那處，其中還有婦女子執槍的，也有老幼執槍的，糧餉多由婦女的手搬運的，宛如看見美國十三州獨立時的情景。」「當我們且戰且走時，敵人卻出現於我們的前後左右，依然對我們狙擊。最令人驚訝的，就是婦女執槍在追趕我們，因此，可以說這個地方，不管草木山川莫非敵人。」記者出身的日本史學評論家、政治家暨作家竹越與三郎（一八六五－一九五〇）在《臺灣統治志》中也提到：「新竹以南的軍隊並非軍隊，而是土寇，出沒叢澤或隱匿在山野之間……鄰近村莊無不化為敵人，連少婦也怒吼而拿起槍桿作戰。」[36]

時任近衛師團步兵第二連隊、陸軍步兵中衛的石光真清，亦於〈城下之人〉一文中記載：「自從參加臺灣的戰鬥以來，我屢次看到女人的屍體，而每看到她們時我就感到臺灣民眾對日本軍是強烈地痛恨著，同時也預料到今後的戰鬥不是輕而易舉的。」他另描述兩個令人淚崩的情況，內容經筆者濃縮後大意如下[37]：

在安平鎮庄（今桃園市平鎮區）附近有位士兵應該是來不及逃，竟然跪在地上、伸長脖子、做出砍頭的手勢。我連忙將殺氣騰騰的同袍拉住，大聲喊道：「她是女人吶！」

在嘉義攻城之戰結束後，我順著嬰兒的哭聲，在屍體重疊的下面發現一位衣著整齊、滿身灰土、年約二十四五歲、穿戴華貴的女人，因頭部被子彈貫穿、俯地而死，她的背上揹著一位年約四歲的女孩還活著，女孩從頭到胸都被母親的血浸濕。我將女孩拉近女人、比較她們的面貌，確實長得很像，女孩在見到母親蒼白的臉孔後，將頭埋在我的胸前放聲大哭。

後世研究認為，臺灣民主國的歷史意義在於臺灣攻防戰成為臺灣人意識形成的起點[38]。曾有人問義軍領袖徐驤[39]（一八六〇－一八九五）是否擔心他的家人，徐驤豪爽地說：「有天道，臺灣不亡，吾眷可得也；臺灣亡，遑問家乎？」後來徐驤轉戰曾文溪一帶，每次戰鬥都衝到最前線，有人勸他不要這樣，徐驤嘆息道：「此地不守，臺灣亡矣，吾不願生還中原也。」[40]

最後我們再回到賴和（一八九四－一九四三）的〈臺灣通史十首〉。一九一五年因發生噍吧哖事件[41]，臺灣總督府的血腥鎮壓引起國際撻伐，於是一九一六年起的對臺政策改為較溫和的內地延長主義。但臺灣島民心中仍然充滿被壓抑的痛苦，以及無所適從的不安，而賴和就是在這樣的情境中寫下這部作品，將對時局的不滿抒發在稿紙上。據學者研究，此時賴和仍對文化母國中國充滿期待，再從歷史發展的軌跡來看，他認為臺灣很難有獨立自主的機會，因而寫下〈臺灣通史十首〉之七的原作：「旗中黃虎尚如生，國建共和竟不成。天限臺灣難獨立，古今歷歷證分明。」然而一九一八年他去了廈門博愛醫院後，開始對中國感到失望，同時也受到世界思潮的影響，對臺灣自主性的思考有了轉變，因而將這首詩改作。從「國建共和『竟』不成」改成「『怎』不成」，「天限臺灣『難』獨立」改成「『原』獨立」，「古今歷歷證分明」更直接替換成「我疑記載欠分明」，代表賴和的思想出現巨大的轉變，也是他對臺灣命運的省思，亞細亞的孤兒不能仰賴日本或中國，而是要靠自己，必須以臺灣本位思考，才有可能找到未來的出路[42]。

臺灣人的命運應該要由臺灣人自己作主。此後賴和積極投入臺灣的文化、社會及政治運動，歷經民族運動及社會主義思潮的洗禮，使他的臺灣自主觀念也進步升級。賴和在閱讀林子瑾（林疋，一八七八－一九五六）〈詠臺灣抗日軍旗[43]〉後，創作〈讀林疋氏黃虎旗詩〉追懷臺灣民主國，提醒臺灣人不要忘記先民們為了保家衛土、獨立建國所付出的鮮血代價[44]：

黃虎旗，誰復知。閒掛壁上冪蛛絲，彈痕戰血無將虧。前人已死後莫繼，子孫不孝良堪悲。三十年間噤不語，忘有共和獨立時。先民流血無價值，後人追吊空有詩。黃龍破碎亦已久，風雲變幻原離奇。仰首向天發長嘆，黃昏日沒西山陲[45]。

註釋

1 「梅葛」是彝族中自稱「俚頗」與「羅羅頗」的兩支系傳唱的歌謠，內容分為創世、造物、婚事和戀歌、喪葬四部。梅葛二字為俚頗語與羅羅頗語的漢字譯音，原意為「唱說過去」、「唱說歷史」、「唱說古今」，人們在逢年過節、婚喪嫁娶、起房蓋屋等重大活動時，會請朵覡（巫師）或歌手唱上三天三夜。參見黃季平，創世史詩梅葛的記憶：楚雄彝族歌謠的傳統與再現，民俗曲藝，第一八五期，二〇一四年九月，頁一一七、一二二－一二四。

2 黃季平，〈創世史詩梅葛的記憶：楚雄彝族歌謠的傳統與再現〉，《民俗曲藝》第一八五期，二〇一四年九月，頁一三〇。

3 參見林登順、鄭恪雲，〈老虎報恩故事述論〉，「虎爺信仰研究專輯」，《國文天地》第三十二卷第十期，二〇一七年三月，頁十三。

4 同前註，頁十六。

5 鄂倫春族、赫哲族、鹿神節，百度百科：https://baike.baidu.hk/item/%E9%84%82%E5%80%AB%E6%98%A5%E6%97%8F/155542、https://baike.baidu.hk/item/%E8%B5%AB%E5%93%B2%E6%97%8F、https://baike.baidu.hk/item/%E9%B9%BF%E7%A5%9E%E7%AF%80

6 馬昌儀，《古本山海經圖說》上卷，蓋亞，二〇一四年五月，頁二五九。

7 陳懷宇，〈亞洲虎人傳說之文化史比較研究〉，《成大歷史學報》，第五十八號，二〇二〇年六月，頁四十六。

8 音同「皮」，一種大熊。毛皮為黃白雜紋。能爬樹、游泳，力氣強大。

9 音同「出」，一種猛獸。形大如狗，毛紋似貍。

10 音同「合」，一種鳥禽。似雞而大，體青色，有毛角，性勇健。

11 虎方，維基百科，https://zh.m.wikipedia.org/zh-tw/%E8%99%8E%E6%96%B9

12 江柏毅，〈甲骨文的「虎」字與瀕危的華南虎〉，《CASE報科學》，二〇二三年十月三十一日，https://case.ntu.edu.tw/blog/?p=43103

13 《禮記・郊特牲》中有「八蜡祭」分別為：先嗇、司嗇、農、郵表畷、貓虎、坊、水庸、昆蟲。前三者為農神，郵表畷為田間小亭之神，祭貓虎則是為了防範會妨害農作的田鼠與山豬，坊為提防之神，水庸為城隍之神，祭昆蟲則是為了防範害蟲。參見八蜡，維基百科，https://zh.wikipedia.org/zh-tw/%E5%85%AB%E8%9C%A1

14 原來，〈商前期青銅鼎器獸面紋之動物屬性論證〉，《屏東教育大學學報》，第二十四期，二〇〇六年三月，頁五六七—五七一。

15 江柏毅，〈甲骨文的「虎」字與瀕危的華南虎〉，《CASE報科學》，二〇二三年十月三十一日，https://case.ntu.edu.tw/blog/?p=43103

16 原文為：「謹按《黃帝書》：『上古之時，有神荼與鬱壘，昆弟二人，性能執鬼。度朔山上有桃樹，二人坐樹下，簡閱百鬼。鬼無道理，妄為人禍害，荼與鬱壘縛以葦索，執以食虎。』於是縣官常以臘除夕飾桃人，垂葦茭，畫虎於門，皆追效於前事，冀以禦凶也。」「虎者陽物，百獸之長也，能執搏挫銳，噬食鬼魅。今人卒得惡悟，燒虎皮飲之，繫其爪，亦能辟惡，此其驗也。」

17 澳門文化遺產，非物質文化遺產，驚蟄祭白虎，https://www.culturalheritage.mo/detail/102255?AspxAutoDetectCookieSupport=1

18 賴和，《新編賴和全集》（壹）漢詩卷，前衛，二〇二一年五月，頁四八三。

19 蔡承豪，〈曇花一現的臺灣民主國〉，《臺灣學通訊》第八十期，二〇一五年五月，頁十三。

20 參見李明亮原著，王威智編撰，《臺灣老虎郵：百年前臺灣民主國發行郵票的故事》，蔚藍文化，二〇一八年十月，頁二〇七。

21 同前註，頁二十二－二十三。

22 Henry Morse, The Republic of Formosa, III-4 (1895), 49. 轉引自林春美、陳婉平，〈藍地黃虎旗？旗幟，真實性與認同〉，《臺灣博物季刊》第三十一卷第四期，二〇一二年十二月，頁二十一。

23 陳昌基，《臺島劫灰》，清刊，東洋文庫藏寫本，六頁下。轉引自黃昭堂著，廖為智譯，《台灣民主國研究：台灣獨立運動史的一斷章》，前衛，二〇〇六年一月，頁一七七。

24 李明亮原著，王威智編撰，《臺灣老虎郵：百年前臺灣民主國發行郵票的故事》，蔚藍文化，二〇一八年十月，頁一一三。

25 林春美、陳婉平，〈藍地黃虎旗？旗幟，真實性與認同〉，《臺灣博物季刊》，第三十一卷第四期，二〇一二年十二月，頁二十一。

26 文化部於二〇一六年四月十九日以文授資局物字第10530033891號公告指定為國寶。

27

28 林春美、陳婉平，〈藍地黃虎旗？旗幟，真實性與認同〉，《臺灣博物季刊》第三十一卷第四期，二〇一二年十二月，頁二十－二十一。

29 蔡思薇，〈臺灣民主國之旗——一面國旗的身世與故事〉，《臺灣博物季刊》第三十一卷第四期，二〇一二年十二月，頁四十一－四十二。

30 戰後一九五〇年代，臺博館舉辦臺灣歷史展覽，說明中出現「臺灣民主國」字眼，引起警備總部關注，臺博館副研究員李子寧表示，「一九五〇年代，警備總部曾發文臺博館，質疑展出黃虎旗有『思想上的問題』。」參見佐渡守，「說故事的博物館・遊戲篇」〈建國大亂鬥，黃虎旗與臺灣民主國誕生史 ft. 國立臺灣博物館〉，《Openbook閱讀誌》，二〇二三年十月二十三日，https://www.openbook.org.tw/article/p-68249

31

32 《臺灣民主歌》是一首泉州腔閩南語發音的七言歌仔，傳唱臺灣民主國成立的原因、過程及結局，全歌現存六百九十句、四八三〇言。參見曾子良，〈臺省民主歌〉之校證及其作者考索，民俗曲藝，第一五九期，二〇〇八年三月，頁八十三、九十九。

33 臺灣俚語，急忙落跑、設法潛逃到外地之意，諷刺臨陣脫逃、斷尾求生之人。一八九五年十月十九日打狗淪陷，傳聞臺灣民主國黑旗軍統領劉永福於十九日連夜喬裝成一名阿婆，與親信一同登船逃離臺灣，不料經日軍登船搜查而識破。但另有一說認為，打扮成阿婆逃跑的人應該是臺灣民主國總統唐景崧。

34 陳怡宏編，《乙未之役外文史料編譯》（二），二〇一九年，國立臺灣歷史博物館，頁二八九。轉引自林正慧，〈一八九五年乙未之役中的臺灣客家〉，《客家研究》，第十一卷第一期，二〇一八年六月，頁一二四。

35 《臺灣征討記》內容描寫自近衛師團登陸時起至劉永福逃亡為止，該期間於臺灣各地的征伐，文末附有臺灣全圖及近衛師團戰歿者名單。本書於一八九六（明治二十九年）四月十四日由飯田書店發行。參見大谷誠夫著《臺灣征討記》，國家文化記憶庫，https://memory.culture.tw/Home/Detail?Id=1100073191&IndexCode=MOCCOLLECTIONS

36 王一剛，〈乙未臺民的抗日戰〉，《臺灣風物雜誌》第二十三卷第二期，《臺灣風物》，一九七三年六月二十日，頁十七－十八、十九。

37 石光真清著，梁華璜譯，〈城下之人——乙未日軍侵臺實記〉，《臺灣風物雜誌》第三十三卷第三期，《臺灣風物》，一九八三年九月三十日，頁七十七－七十八、八十三－八十四。

38 黃昭堂著，廖為智譯，《台灣民主國研究：台灣獨立運動史的一斷章》，前衛，二〇〇六年一月，頁二五一。

39 苗栗頭份客家人，客家義勇軍領袖，與吳湯興、姜紹祖共結民兵抗日，於全臺南北轉戰數次。在吳湯興與姜紹祖戰死後，徐驤加入南臺灣義軍，最後在斗六陣亡，另有一說認為他是在臺南戰役中遭砲擊身亡。參見徐驤，維基百科，https://zh.wikipedia.org/zh-tw/%E5%BE%90%E9%A9%A4

40 吳德功，〈讓臺記〉，收錄於《割臺三記》，轉引自林正慧，〈一八九五年乙未之役中的臺灣客家〉，《客家研究》第十一卷第一期，二〇一八年六月，頁一一九－一二〇。

41 日本統治臺灣二十年以來，規模最大、死亡人數最多的武裝反抗事件，領導人為余清芳、羅俊、江定等人。因規模最大的戰役地點在噍吧哖（今臺南市玉井區）虎頭山，故以之為名。臺灣總督府官方文書與紀錄稱為「西來庵事件」，因策劃起事的地點在西來庵，主神為五福大帝（五瘟神）。另有以事件主要領導人之名而稱為「余清芳事件」。事件的導火線為私人糖廍被迫關閉，所有甘蔗只能賣給日本人的糖廠，但糖廠只開一個價。以及林地變成國有地，人民無法自由上山開採樟腦、苧麻，必須獲得許可才能開採，導致農民經濟受損。一九一三、一九一四年間又發生兩次嚴重的颱風災情，使得甘蔗被破壞、米價飆漲，故引發民怨反撲。根據《余清芳抗日革命案全檔》記載，千餘名武裝事件參與者中九成是農民，包含佃農、自由農和地主，甚至還有保正和甲長，年齡介於二十至五十歲，多為長子且已結婚生子，打破「羅漢腳」容易參加民變的刻板印象。抗爭者中只有四十名女性，她們自白並無抗日革命思想，反而更關心生計問題及宗教信仰。參見西來庵事件，維基百科，https://zh.wikipedia.org/zh-tw/%E8%A5%BF%E4%BE%86%E5%BA%B5%E4%BA%8B%E4%BB%B6；林婷嫻，〈當活不下去成為事實，抗爭就是義務——噍吧哖事件〉，中央研究院《研之有物》，二〇一七年八月十八日，https://research.sinica.edu.tw/ta-pa-ni-incident-paul-r-katz/

42 參見施懿琳，〈漢詩卷導讀〉，收錄於賴和，《新編賴和全集》（壹）漢詩卷，前衛，二〇二一年五月，頁八十九－九十。

43 「一場春夢了無痕，畫虎人爭自笑存。終是亞洲民主國，前賢成敗莫輕論。」王建竹，《臺中詩承》，臺中市政府，一九七六年十二月，頁一九六。轉引自陳淑娟，〈賴和漢詩的臺灣自主性思想研究〉，收錄於施懿琳、蔡美瑞編著，《賴和文學論》（上），民間・古典文學論述，晨星，二〇一六年十一月，頁二二三，註八十。

44 陳淑娟，〈賴和漢詩的臺灣自主性思想研究〉，收錄於施懿琳、蔡美瑞編著，《賴和文學論》（上），「民間・古典文學論述」，晨星，二〇一六年十一月，頁二二二－二二四。

45 賴和，《新編賴和全集》（壹）漢詩卷，前衛，二〇二一年五月，頁五九四－五九五。

臺灣是一條鯨魚?

法國歷史學家勒南(Ernest Renan, 一八二三－一八九二)說:「民族是一個靈魂,一個精神的原則。事實上只有兩樣東西構成這個靈魂、這個精神原則。一是過去,另一是未來。一是對共同擁有的豐富傳統之記憶;另一是現在願意共同生活,願意繼續累積共同擁有的傳統。民族,正如個人,是長時期努力、犧牲、和獻身的結果。」[1]

二〇〇四年,時任教育部長的杜正勝提出將臺灣地圖左轉九十度,把臺灣放在中心點來看,則臺灣的外型就像是一隻鯨魚,並主張以鯨魚來代表臺灣。這種觀點似乎也合乎臺灣的歷史傳統。臺灣本有許多地方以「鯤鯓」為名,其中又以臺南市濱海地區最多。

「鯤」是古代傳說中的大魚。《莊子.逍遙遊》謂:「北冥有魚,其名為鯤;鯤之大,不知其幾千里也!」「鯤鯓」係指近海浮出水面的大型沙洲,貌似鯤浮游於海上。由於臺灣沿岸自古以來皆吹北風,使得濱海沙洲的地勢多為北高南低,遠看就像是一隻大魚浮出海面,露出頭部與背部。根據《臺灣府誌.卷一.封域.山川》記載,昔日的臺江內海有一到七鯤鯓,一鯤身為安平古堡,二鯤身為億載金城,三鯤身在漁光里,四、五鯤身在下鯤身,六鯤身在喜樹仔,七鯤身在灣裡。七個鯤鯓相互連接，而鯤鯓上面皆為漁村聚落。後來隨著泥沙淤積，它們逐漸與本島相連[2]。

一六四〇年荷蘭製圖師約翰・芬伯翁（Johannes Vingboons, 一六一六－一六七〇）繪製的福爾摩沙島地圖[3]，牠的頭部略微抬起，尾部微微下垂，整座島嶼就像是一隻壯碩的鯨魚朝東北方向游動的感覺。德國籍的荷蘭海軍賈斯帕・司馬卡爾（Caspar Schmalkalden, 一六一六－一六七三）於一六五二年繪製的福爾摩沙島非官方地圖[4]則更為傳神，牠有清楚的頭部及尾鰭，身體線條也更加流暢優美，尤其是精心繪製的東部山脈宛如鯨背，而留白的西部平原則為鯨腹，臺灣島宛如一隻英姿勃發的鯨魚，游向世界、傳頌鯨歌。

臺灣亦名「鯤島」。日治時期的臺灣才子鄭坤五（一八八五－一九五九）身兼詩人、暢銷小說家及畫家於一身，精通琴棋書畫，曾任臺南地方法院鳳山出張所通譯，後任大樹庄庄長、司法代書。一九二四年以《雞聲茅店月》畫作勇奪第五回日本畫會主辦東洋藝術院賞金牌，為第一位獲此殊榮的臺灣畫家。鄭坤五以畫虎聞名，與林玉山並稱「南北畫虎雙傑」[5]。一九四二年九月十五日，鄭坤五於《南方》雜誌連載長篇章回小說《鯤島逸史》，全書共五十回、三十萬字，文言白話交雜，登場人物超過兩百人，連載二十一回後即於一九四四年三月分為上、下兩冊正式出版，風靡一時。封面繪師即為林玉山，時任《南方》雜誌特約插畫家。該書「廣引各地縣志，採錄故老口碑」亦包含大量鄉土材料，包括重大歷史事件、人名、地理、物產、名俗、民間歌謠及諺語，為臺灣文學史上首見以地方史為背景撰寫的歷史小說[6]。故事時間自乾隆末年起至咸豐年間止，跨越近半個世紀；主角尤守己是明鄭後裔，一門忠孝、文武雙全；地點以高雄九曲堂為中心，講述一系列發生於臺灣各地的俠義故事[7]。

從南島語族[8]的發源地，到外人眼中的福爾摩沙，臺灣身為四面環海的島國，如以優游海中的鯨魚作為臺灣的象徵，筆者認為十分恰當。尤其鯨魚還是海裡重要的「生態系工程師」，藉由鯨魚在海中垂直和水平移動，能重新分配營養物質、維持生態系統的健康與平衡[9]。一如出外打拚的臺灣人在世界各地的經營，為當地挹注資源與活力，充實文化多樣性。

貌似溫和的鯨魚也不是吃素的，成語「鯨吞虎噬」係指像鯨魚、猛虎般凶惡的吞噬獵物；而「蠶食鯨吞」意指像蠶吃桑葉般的和緩，或像鯨吞食物般的猛烈，顯示鯨魚也不是好欺負的動物。臺灣「防禦潛艦國造」的第一艘原型艦即命名為「海鯤號」，英文名稱為 Narwhal，意為一角鯨。對照海軍現有潛艦分別命名為海獅、海豹、海龍及海虎，想必以「鯤」為名，亦是取其威猛之意。

而在原住民的傳說與童話中，鯨魚更是扮演了重要的「神仙」角色。日治時期《傳說的高砂族》收錄一則〈女護島的故事〉，故事敘述一名漁夫因為遲遲釣不到魚，故登上一座小島抽菸休息，沒想到那座島竟然是一隻鯨魚，鯨魚一陣怒吼之後擺動身體，漁夫就被甩到幾百里遠的國度，一個名為女護島的地方。女護島上只有女人，女人們誤認漁夫是一頭豬，把他關在小屋裡並以剩食飼養，於是漁夫日益消瘦。某天他逃了出來，來到海邊，遇見浮出水面的鯨魚，他立刻乞求鯨魚送他回家。鯨魚要求以供品為對價，同意將漁夫送回故鄉的海岸邊，漁夫也答應了。漁夫回到家後，旋即準備酒、餅、檳榔子等食物以及一張草蓆，並重返海邊，在沙灘上鋪上草蓆、放上供品。不久之後，鯨魚出現，大海捲起一陣巨浪將供品吞噬，獨留草蓆在海濱，從此變成起伏的海浪。據聞當時搭在臺灣本島與火燒島之間的美麗大橋也掉落海中，變成了像今天一樣各自獨立的島嶼[10]。在阿美族奇密社、太巴塱社及南勢蕃里漏社亦流傳類似的故事，據說阿美族定期「海祭」的由來，即與這則傳說有關[11]。

排灣族童話〈姊妹物語〉則是一對「灰姑娘」姊妹獲得「神仙鯨魚」解救的故事。從前從前有一對善良的姊妹花，因父母雙亡而被送到叔父母家，卻被叔父母勞役與虐待，最後還被拋棄在深山小屋裡。姊妹倆靠著樹上的果實勉強熬過三天，難過得相擁而泣。突然間，外面出現一陣巨響，竟然是一隻鯨魚發出叫聲，牠還用人話自稱是東海鯨魚，實為姊妹倆的祖父，因疼惜孫女故以念力自海中出脫，越過重山來拯救她們，於是姊妹倆開門讓牠進屋。接著鯨魚又陸續向天空吼叫了幾聲，天上竟降下乾芋頭，房屋角落則湧出清水還冒出魚，令她們飲食無缺。夜晚，鯨魚用念力讓她們瞬間長大，變成美麗的妙齡女子，再載她們下山，讓她們入住一間衣食器具一應俱全的房子。姊妹倆如作夢一般開心，但鯨魚卻告辭了，並對她們說：「以後如果想要做什麼，或想要什麼東西，只要向天空呼喊：『鯨魚鯨魚！』然後向我許願，無論什麼事情我都會幫妳們實現。」還沒聽完姊妹倆的答謝，牠便越過山嶺回到東邊的海了[12]。

卑南族「海祭」的由來有一說也是為了拜鯨魚，因鯨魚贈與卑南人四、五粒粟，從此卑南人才開始種植小米，並且大豐收。為了答謝鯨魚的照顧，於是卑南人在海邊奉上供品、祭祀鯨魚[13]。

註釋

1 勒南，〈民族是什麼？〉，轉引自吳乃德，《臺灣最好的時刻　1977-1987：民族記憶美麗島》，春山，二〇二〇年三月，頁二八八。

2 鯤，教育部重編國語辭典修訂本，https://dict.revised.moe.edu.tw/dictView.jsp?ID=4676&word=%3D%E9%AF%A4；鯤鯓，教育部重編國語辭典修訂本，https://dict.revised.moe.edu.tw/dictView.jsp?ID=78476&la=0&powerMode=0；鯤身，台江小百科，內政部國家公園署台江國家公園管理處，https://www.tjnp.gov.tw/Encyclopedias_Content.aspx?n=557&sms=9434&s=251274；台江地區為何有地方以「鯤鯓」為名，台江小百科，內政部國家公園署台江國家公園管理處，https://www.tjnp.gov.tw/Encyclopedias_Content.aspx?n=557&sms=9434&s=251190。

3

4

5 許俊揚，〈鄭坤五畫虎作品　收藏家割愛〉，《工商時報》，二〇二二年一月二十二日，https://www.chinatimes.com/newspapers/20220122000336-260204?chdtv

6 李陸梅，《鄭坤五《鯤島逸史》研究》，東海大學中國文學系碩士論文，二〇〇二年，頁四一—二十八。

7 參見林翠鳳，〈鯤島逸史〉，臺灣文學館線上資料平台，https://db.nmtl.gov.tw/site2/dictionary?id=Dictionary01112

8 語言學界為分布在南太平洋與印度洋諸島的族群確立關係，分類命名為南島語族（Austronesian-speaking peoples），目前已有越來越多證據指出，南島語族可能是從臺灣出發，遷徙至廣大的南太平洋與印度洋島嶼開枝散葉。參見田偲妤，〈千年文化寶藏就在你身邊！從語言證據找出南島語族發源地〉，中央研究院《研之有物》，二〇二三年七月十日，https://research.sinica.edu.tw/formosan-languages/

9 Greenpeace綠色和平，〈一鯨落萬物生　溫柔款待世界的鯨魚亟需全人類守護〉，二〇二一年九月十七日，綠色和平，https://www.greenpeace.org/taiwan/update/27275/%E4%B8%80%E9%AF%A8%E8%90%BD%EF%BC%8C%E8%90%AC%E7%89%A9%E7%94%9F%EF%BC%8C%E6%BA%AB%E6%9F%94%E6%AC%BE%E5%BE%85%E4%B8%96%E7%95%8C%E7%9A%84%E9%AF%A8%E9%AD%9A%EF%BC%8C%E4%BA%9F%E9%9C%80%E5%85%A8%E4%BA%BA/

10 參見秋澤烏川著，鳳氣至純平、許倍榕譯，〈傳說的高砂族：女護島的故事〉，收錄於許俊雅主編，《日治時期原住民相關文獻翻譯選集：探險記・傳說・童話》，秀威，二〇一九年七月，頁九十—九十二。

11 參見鹿憶鹿，《粟種與火種——臺灣原住民族的神話與傳說》，秀威，二〇一七年六月，頁二七三－二七五。

12 參見英塘翠著，鳳氣至純平、許倍榕譯，〈續生番童話：姊妹物語——排灣族的童話〉，收錄於許俊雅主編，《日治時期原住民相關文獻翻譯選集：探險記・傳說・童話》，秀威，二〇一九年七月，頁三五四－三七〇。

13 參見鹿憶鹿，《粟種與火種——臺灣原住民族的神話與傳說》，秀威，二〇一七年六月，頁一〇四。

《山海經》的虎

泛覽周王傳，流觀山海圖。俯仰終宇宙，不樂復何如？

——陶淵明〈讀山海經．其一〉

相傳《山海經》為夏禹伯益所作，但經後世考究，該書並非一時、一地或一人之作，它最遲於戰國晚期至漢代之間已成書，並於西漢年間廣為流傳。司馬遷（前一四五－八六？）《史記．大宛列傳》末記太史公曰：「《山海經》所有怪物，余不敢言之也。」由於記載的特殊性，司馬遷對《山海經》中的地理及怪物，採取「不敢言」的態度。歷史上第一次全面解釋該書者為晉代郭璞（二七六－三二四）注解《山海經》以及《山海經圖讚》二卷，今存一卷。由書名「圖讚」及陶淵明詩句中的「山海圖」可知，《山海經》是一本圖文書，即中國傳統敘事的圖文並舉。不過郭璞時代的《山海經》古圖並未流傳下來，因此現在大家常見的插圖皆為明清畫家（有署名與未署名的）與民間畫工的作品[1]。

陸吾

《西山經．西次三經》記載：「西南四百里曰崑崙之丘，是實惟帝之下都，神陸吾居之。其神狀虎身而九尾，人面而虎爪；是神也，司天之九部及帝之囿時[2]。」

崑崙山是神山，為天帝在人間的都邑，由陸吾掌管。陸吾是崑崙山神，人虎同體，人面虎身虎爪，還有九條尾巴，掌管天上九域的部界以及天帝園圃的時節。囿，是用作畜養禽獸而有圍牆的園林，例如：鹿囿，《詩經．大雅．靈臺》有謂：「王在靈囿，麀鹿攸伏。」

陸吾。

西王母

西王母一共在《山海經》中出現三次，第一次為《西山經．西次三經》：「西三百五十里曰玉山，是西王母所居。西王母其狀如人，豹尾虎齒而善嘯，蓬頭戴勝。是司天之厲及五殘。[3]」

第二次出現於《大荒西經》：「有西王母之山、壑海。[4]」「西海之中，流沙之濱，赤水之後，黑水之前，有大山，名曰崑崙之丘。有神，人面，虎身，有文有尾，皆白處之。其下有弱水之淵環之，其外有炎之山，投物輒燃。有人，戴勝，虎齒，有尾，穴處，名曰西王母。此山萬物盡有。[5]」

第三次是在《海內北經》：「西王母，梯机而戴勝，其南有青鳥，為西王母取食。在崑崙墟北。[6]」

綜合以上描述可知，西王母為人虎同體、掌管災疫與刑罰的神，住在崑崙山上。祂有豹尾與虎齒，頭上戴著華麗的頭飾，身邊有侍從青鳥，負責幫祂取食。

戰國時代即有西王母掌有不死之藥、嫦娥竊藥以及奔月的故事，文字記載見於

西王母。

西漢《淮南子・覽冥訓》：「羿請不死之藥於西王母，姮娥竊以奔月。」西王母就這樣原因不明地從遠古掌管災疫與刑罰的「獸娘神」，華麗變身成為賜與人類不死仙藥的絕美「貴婦神」。

西王母頭上的華蓋經常圍繞著植物的藤蔓，日本京都大學名譽教授小南一郎認為，那是象徵著「世界樹」的枝條，「西王母坐在支撐起整個宇宙的世界樹之上，帶領著世上的一切生命走向永生」[7]。

唐代以後，西王母經道教仙化，成為「王母娘娘」、「瑤池金母」，為玉皇大帝之妻、織女的祖母，擁有吃了之後能長生不老的蟠桃，《西遊記》中也有孫悟空大鬧蟠桃會的故事。「西王母在道教仙界最重要的角色，是負責監督各界仙人有無好好修道，修行好的人會被獎賞，貪玩懈怠、墮落犯罪的人則被懲罰。所以西王母每年都會召開一場『考校功過』大會，審核所有神仙的考績」[8]。

另依宋代李昉《太平廣記・女仙一・西王母》記載，西王母為九靈太妙龜山金母，乃西華之至妙，洞陰之極尊，掌管所有女仙。祂住在崑崙山上，山下有弱水九重、洪濤萬丈，若不是乘坐會飛的車，無法到達。山上的宮殿建築富麗堂皇，左有瑤池，右有翠綠的水流，城池寬廣千里，建築以玉石和美玉裝飾，周圍有森林，還能聽到美妙的樂聲。西王母蓬髮戴華勝、佩虎章，左侍仙女，右侍羽童。至於「虎齒善嘯者，此乃王母之使，金方白虎之神，非王母之真形也。」

驪（梨）山老母是一位傳說中的女神，姓氏來歷不詳，深居驪山。祂經常和西王母（王母娘娘）、九天玄女等女性神祇同稱或混淆。現存文獻上最早的記載為《漢書・律曆志上》，太史令張壽王言：「化益為天子代禹，驪山女亦為天子」，驪山女即為驪山老母。

宋代李昉《太平廣記・女仙八・驪山姥》中有一則青年道士獲得驪山老母指點的故事。道士李荃四處遊歷、探尋方術，在無意間發現已腐爛的《黃帝陰符經》，於是將內容背誦下來，卻不明白其深義。後來他在秦國驪山下遇見一位老婆婆，她將頭髮梳攏盤結於頭頂作成髻、餘髮半垂，穿著簡陋的衣服，手扶著拐杖，神情非常奇怪，望著路旁有棵正在燃燒的樹，自言自語道：「火生於木，禍發必克。」李荃聞言大驚，立刻上前拜見老婆婆，表示那句話是《黃帝陰符經》中的一句。老婆婆問他，自己知道經文內容的時間已是千年以前，你年紀輕輕怎麼會知道？李荃如實已告，並表達想學習經文的決心，於是獲得老婆婆傳授。

另外在《西遊記》第十六回「觀音院僧謀寶貝，黑風山怪竊袈裟」中，形容一位老僧「滿面皺痕，好似驪山老母；一雙昏眼，卻如東海龍君。」由於《太平廣記》及《西遊記》中有西王母與驪山老母並存的情況，故可推知這兩位女神應該不是同一神，較為合理。

開明獸

開明獸為人虎同體的神獸，九首虎身，亦為崑崙山神，與陸吾及西王母可能是同一神。

《海內西經》記載：「海內崑崙墟在北，地之下都。崑崙之需，方八百里，高万仞。上有木禾，長五尋，大五圍。面有九井，以玉為檻。面有五門，門有開明獸守之，百神之所在。在八隅之巖，赤水之際，非人羿莫能上岡之巖。[9]」「開明獸身大，類虎身而九首，人面，東向立崑崙上。[10]」

開明獸。

天吳

天吳在《山海經》中出現過兩次，一是《海外東經》記載：「朝陽之谷，神曰天吳，是為水伯，在虹北兩水間。其為獸也，八首人面，八足八尾，皆青黃[11]。」二是《大荒東經》記載：「有夏州國，有蓋余國。有神，八首，人面，虎身，十尾，其名天吳[12]。」

黑人

南海海內有一種黑人，頭如虎、腳如鳥，食蛇。《海內經》記載：「有黑人，虎首，鳥足，兩手操蛇，方啗之。[13]」

天吳。

黑人。

白虎

白虎在《西山經．西次四經》中出現過兩次：「北二百二十里曰盂山，陰多鐵，陽多銅，獸多白狼白虎，鳥多白雉、白翠[14]。」「西三百二十里曰鳥鼠同穴山，其上多白虎、白玉。[15]」

中國古代有四靈、四方、四象的說法，分別是「青龍、白虎、朱雀、玄武」，祂們是四大聖獸，也代表四個方位。《禮記．曲禮上》記載：「行前朱鳥而後玄武，左青龍而右白虎。」戰國時期楚國隱士的同名著作《鶡冠子．天權》記載：「四時求象，春用蒼龍，夏用赤鳥，秋用白虎，冬用玄武。」

東漢王充《論衡．物勢》記載：「東方木也，其星倉龍也；西方金也，其星白虎也；南方火也，其星朱鳥也；北方水也，其星玄武也。天有四星之精，降生四獸之體，含血之蟲，以四獸為長，四獸含五行之氣最較著，案龍虎交不相賊，鳥龜會不相害。」

西漢淮南王劉安《淮南子．天文訓》記載：「何謂五星？東方，木也，其帝太皞，其佐

白虎。

句芒，執規而治春；其神為歲星，其獸蒼龍，其音角，其日甲乙。南方，火也，其帝炎帝，其佐朱明，執衡而治夏；其神為熒惑，其獸朱鳥，其音徵，其日丙丁。中央，土也，其帝黃帝，其佐后土，執繩而制四方；其神為鎮星，其獸黃龍，其音宮，其日戊己。西方，金也，其帝少昊，其佐蓐收，執矩而治秋；其神為太白，其獸白虎，其音商，其日庚辛。北方，水也，其帝顓頊，其佐玄冥，執權而治冬；其神為辰星，其獸玄武，其音羽，其日壬癸。」

由上可知，西方屬金為白色，季節為秋天，星宿為金星（太白金星），聖獸為白虎，帝王為少昊，輔佐神為蓐收。相傳蓐收為刑戮之神，外型為「人面白毛、虎爪執鉞」[16]。鉞是一種以金屬製成的長柄大斧，為象徵帝王權威的禮仗，或是刑具[17]。白虎也有長壽的象徵，東晉葛洪《抱朴子　內篇・對俗》謂：「虎及鹿兔皆壽千歲，壽滿五百歲者，其毛色白。能壽五百歲者，則能變化。狐狸狸狼皆壽八百歲，滿五百歲則善變為人形。」

註釋

1　參見于千喬，《清末以來的《山海經》研究》，東吳大學中國文學系博士論文，頁五—六、六十四—

六十五。

2 鹿憶鹿箋注，《曹善手抄《山海經》箋注》，秀威，二〇二三年三月，頁七十一。

3 同前註，頁七十五。

4 同前註，頁三一六。

5 同前註，頁三二〇—三二一。

6 同前註，頁二七二。

7 李忠達，《道教的多重宇宙》，秀威，二〇二四年五月，頁五十一。

8 同前註，頁六十六—六十七。

9 鹿憶鹿箋注，《曹善手抄《山海經》箋注》，秀威，二〇二三年三月，頁二六四。

10 同前註，頁二六五。

11 同前註，頁二四五。

12 同前註，頁二九三。

13 同前註，頁三四六。

14 同前註，頁八十三。

15 同前註，頁八十七。

16 西漢劉向《說苑・辨物》：「虢公夢在廟，有神人面白毛，虎爪執鉞，立在西阿，公懼而走。」

17 教育部重編國語辭典修訂本https://dict.revised.moe.edu.tw/dictView.jsp?ID=11758&la=0&powerMode=0

地名中的虎

澎湖湖西許家村西南海域有一座無人島，因形狀似虎，當地人稱「虎頭山」。相傳虎頭山為一處活穴，由於虎頭正對許家村，相傳只要山上有一塊石頭落下，就是老虎要張嘴吃人了，如果石頭掉向許家村方向，許家村內就會有一人過世。為了擋煞，許家村的村民們就在正對虎頭山方向種了一排林投樹，林投樹上有刺，若老虎張口吃人就會被林投樹刺傷，就不能再吃人了[1]。

劍潭山位於臺北市士林區、中山區，臺北市著名地標之一圓山大飯店即坐落於劍潭山。根據清翔的研究，相傳劍潭山在日治以前叫做「虎形山」，因為它的山形似虎，而且樹木的分布走勢也頗像老虎斑紋。據說虎形山中有一隻神出鬼沒的老虎精，牠會出現在竹林、水池及周邊的村子裡，但只要一遇到人，牠便立刻消失。這隻老虎精不僅不會傷害人，還曾經幫助村民們守護村莊、嚇退土匪歹徒，因此村民們都十分感謝牠。不料於日治時期，政府為了開闢一條通往內湖方向的道路，硬生生地在虎形山的「虎腳」位置鋪設道路。傳說於施工期間，道路地冒出宛如鮮血般的紅水，山裡更不停傳來老虎的哀鳴聲，持續一週之久。從此以後，山上的樹林看起來再也不像虎紋，也再也沒人見到老虎精的蹤影[2]。

臺南白河區虎山里舊名「虎仔墓」，相傳鄭成功知道臺灣無虎，故運來兩隻老虎，其中一隻跑到高雄，眾人以為是大狗，於是紛紛來「打狗」；另一隻則逃到嘉義民雄，被村民誤認為貓而打死，故民雄舊名「打貓」[3]。鄭成功發現老虎被打死之後，便請來地理師將牠厚葬於枕頭山之東，故名虎仔墓。另一種說法係以地貌而言，白河平原東側的枕頭山餘脈其形如虎，地理師稱為虎穴，因此處於清領時期多為墓地，故名虎仔墓[4]。

明代朱國禎《涌幢小品》卷之三十一有一則「義虎橋」[5]的故事，描述令人動容的人虎情誼，故事翻譯成白話文是這樣的：很久以前，有一個人到北方旅行，經過彭城，路過村莊之間，看到一座叫「義虎橋」的橋。他向當地長者詢問，長者便告訴他一個故事。很久、很久以前，有個商人在齊魯之間迷路，不小心掉進虎穴，當時他覺得自己死定了，但老虎卻沒有攻擊他，牠只在白天外出取食物，夜晚就回來，似乎是要保護他。過了一個月，商人漸漸了解老虎的性情，於是向老虎訴說自己的苦衷，希望能夠老虎能幫他回到大道上。老虎表示同意，就讓他騎在自己的背上、跳出虎穴，回到道路旁。商人回頭向老虎道謝，老虎也低頭示意。分開數年後，商人偶然經過此地，看到有人抓了一隻老虎要獻給官府，仔細一看，竟然是他認識的老虎。老虎看到他，回頭看了他一眼。商人因而淚流滿面，向眾人說自己之前曾經受到老虎的照顧，並出重金贖回老虎。大家聽了老虎的義行之後都很感動，因此決定放了老虎，讓它回到深山裡。後來人們在這個地方建了一座橋，來紀念這個故事。

註釋

1 楊金燕，《湖西鄉社區資源集錦》，頁九十七（澎湖：澎湖縣立文化中心，一九九七年）；轉引自莊凱証，〈淺談澎湖民俗中的虎文化〉，《臺灣博物季刊》，第一五三期，二〇二二年三月，頁二十八。

2 清翔，〈虎姑婆是哪種虎？鄭成功曾在台灣野放過老虎？——漫談臺灣老虎傳說〉，《泛科學PanSci》，二〇一七年六月三日，https://pansci.asia/archives/120382

3 實則「打狗」、「打貓」都是依當時地名的平埔族發音命名。日治時期，日本人再用日語發音的漢字改名為「高雄」（TAKAO）、「民雄」（TAMIO）。參見莊伯和，小孩的守護—虎爺，《傳藝雙月刊》，一〇六期，二〇一三年六月，頁九十五。

4 臺南市白河區虎山社區發展協會，https://community-culture.tainan.gov.tw/index.php?inter=community &id=156。

5 昔有人北試，道經彭城，過鄉落間，見一義虎橋，詢諸父老，曰：「昔有商於齊、魯之墟者，夜歸，迷失故道，誤墮虎穴，自分必死。」虎熟視不加噬，晝則出取物食之，夜歸，若為之護者。月餘，其人稍諳虎性，乃囑之曰：「吾因失道至此，幸君惠我，不及於難。吾有父母妻子，久客于外，思欲一見。仗君力，能置我于大道中，幸甚！」虎作許諾狀，伏地搖尾招之。商喻其意，上虎背，躍而出，置諸道傍，顧而悲跳。分去後，歷數載，商偶經此地，見諸獵一生虎歸，將獻之官，熟視，乃前虎也。虎見之，回睨，其人感泣。遂與眾具道所以，亟出重貲贖之。眾亦義其所為，相與釋縛，縱深山之曲。後人於其地為橋，表焉。

Part 2

《虎姑婆》的多重宇宙

你從小聽到的虎姑婆故事是什麼情節呢？
除了臺灣本身就有好幾個版本，
原來我們亞洲的鄰居也有類似的恐怖故事！

臺灣的《虎姑婆》

漢民族

流傳於臺灣漢人族群內的虎姑婆故事版本很多，各地故事內容也展現出地域差異，可分為「在家型」故事與「離家型」故事：臺灣本島的故事版本多為「在家型」，情節為母親或父母外出、小孩顧家、虎姑婆上門；離島澎湖的故事版本則為「離家型」，情節為母親回娘家、小孩外出尋母被虎姑婆帶回家，與清代〈虎媼傳〉雷同。

分析差異原因，應與當地地理環境及生活方式有關，臺灣本島人口多居於平原，並以務農為生，「在家型」較符合人們的日常生活；反之，離島澎湖人們多出海捕魚，「離家型」較符合當地人生活型態。如對照中國各地流傳的故事版本，即可獲得印證：山區如安徽東南一帶、四川、貴州、廣西、福建等地，多為「離家型」故事，因地處不便、猛獸四伏且人口稀少，小孩外出時須提防各種危險；平原務農地區則多為「在家型」故事，大人外出到田裡工作，小孩必須好好看家[1]。而故事中的反派動物主角、食物種類以及樹種，則反映不同區域風情，詳見後述。

有一個在臺中新社地區流傳的版本值得研究，故事中的虎姑婆到家裡來借廁所，姊姊春嬌帶虎姑婆去上廁所然後被她吃掉，妹妹小玲跑到屋外、爬到樹上躲避，再用熱油將虎姑婆燙死，她在樹上唸了一段歌謠後，白雲和烏雲一起來載她上天，升天之後的小玲化為月亮。此版本的異文故事流傳於臺中、彰化及福建地區，差異在於變成月亮的是姊姊春嬌／金兒[2]。這個版本的特殊性在於主角的結局與日、韓民間故事雷同。

原住民族

臺灣原住民族傳說也有類似的虎姑婆故事，不過反派主角慘遭換角，換成了妖怪。根據日治時期《生蕃傳說集》記載，排灣族流傳一個名為「薩力苦／沙利庫」或「鐵布魯布倫」的妖怪，牠趁兩兄弟的父母不在家時闖入並吃掉弟弟，說自己在吃大角豆（或蕎麥），哥哥逃走爬到樟樹上，澆熱豬油（或熱水）殺死牠[3]。

臺東卑南族則有《熊外婆》，收錄於《台東卑南族口傳文學選》：母親外出工作，吩咐兄妹倆不能隨便開門，但熊卻上門謊稱是外婆。熊外婆吃掉妹妹，謊稱在吃花生，哥哥逃到樹上，用熱水燙死熊外婆[4]，其情節大部分都與虎姑婆相同。另一則〈妖怪的故事〉則是妖怪吃掉弟弟，哥哥逃到田裡向母親求救，但母子回家後怪物已經不見了。《台灣花蓮賽德克族民間故事》則有太魯閣族〈吃小孩的惡魔〉，最後惡魔被從樹上倒下來的熱油燙死了[5]。

阿美族有「阿里卡該／阿里嘎蓋」（阿美語：Alikakay）的傳說，牠們是一群皮膚白皙、毛髮茂盛的巨人，擅長變身術，時常變成人類甚至是過世親人的模樣，到部落裡調戲婦女、吃嬰兒心臟或惡作劇[6]。因此阿美族爸媽們嚇小孩的固定臺詞為：「不乖的話，會被阿里卡該抓走！」「再哭的話會被阿里卡該吃掉！」[7]附帶一提，《蓬萊島物語之虎姑娘》第一章出現的虛構怪物「魔神阿蓋」，即為傳說中的魔神仔與阿里嘎蓋的合體。

賽德克族則有「巨人Rinamai」，傳說在立霧溪上游的深山之中有一座楓樹林，名為Rinamai，裡面住著可怕的吃人惡魔 Rinamai，因此賽德克族世代相傳不能進入那座森林。

據說 Rinamai 的眼球會發光、嘴巴很大、手長腳長，而且力氣很大，大到可以拔山，甚至在洪水來的時候，可以陽具作為橋樑。傳說牠也愛惡作劇，會在獵人狩獵的路上等候，等獵人一來便張開大嘴，將所有獵物通通吸入口中，讓獵人一無所獲。因此賽德克族爸媽們嚇小孩的定番臺詞為：「你看，Rinamai 怪物！」小孩就會立刻停止哭泣[8]。

日治時期

日治時期出版的《華麗島民話集》、《民俗臺灣》、《臺灣昔噺》、《文藝台灣》、《臺灣むかし話》及《七娘媽生》均收錄《虎姑婆》故事，虎姑婆的影響力及重要性可見一斑。

在西川滿、池田敏雄合著《華麗島民話集》中，主角是一對姊妹，虎姑婆跑到家裡要吃掉她們，她們便逃到樹上並哭著唱歌謠，於是黑雲與白雲從天上下來，載她們上天，升天之後的姊妹變成了七娘媽[9]。

七娘媽，又稱為七星娘娘、七衣仙女、天仙娘娘、七仙姊或七仙姑，是神話故事中的

「七仙女」，關於七仙女的身分共有兩說：一說為牛郎織女的「織女」；另一說則是織女及其六位姊姊，共七位仙女。七娘媽是十六歲以下兒童的守護神，會一直保護兒童直到虛歲滿十六歲「成年」為止。相傳農曆七月七日（七夕）是七娘媽的生日，也是牛郎織女相見的日子，這一天人們會祭祀祈願，女孩們向七仙女祈求心靈手巧，名為「乞巧」；家長及兒童則是感謝七娘媽對兒童的庇佑。

《民俗臺灣》中也是一對姊妹的故事，不過來訪的陌生老媼自稱是姊妹倆的「伯母」。妹妹被虎姑婆吃掉、姊姊爬上茄冬樹並用熱油燙死虎姑婆後，一位雜貨郎經過樹下，確認虎姑婆已死。姊姊長大之後便嫁給了那位雜貨郎[10]。

《臺灣風俗誌》被日治時期臺灣民政長官下村宏譽為「臺灣社會側面史」，其中亦有一則《虎姑婆》故事：以前臺灣有一家人家，家中只有母親和兩個兒子。某日母親回到鄉里住，當夜就有一隻虎精變成母親回來，把兩個兒子嚇得要死，趕緊爬到房後的樹上。虎精為了要吃他們兄弟，就蹲在地下等，並且張著大嘴往上看，可是虎精一直等到天亮，兩個兒子也不肯下來，這時真的母親回來了，就趕緊用鍋把油燒開，然後把滾開的油倒進虎精嘴裡，結果把虎精當場燙死，後來人們就把這隻虎精叫「虎姑婆」[11]。

註釋

1 參見吳安清，《虎姑婆故事研究》，東吳大學中國文學系碩士論文，二〇〇四年，頁二十五—二六。

2 簡齊儒，〈臺灣虎姑婆故事之深層結構——以自然與文化二元對立觀之〉，《成大中文學報》，第四十三期，二〇一三年十二月，頁二九三—二九四。

3 何敬堯，《妖怪台灣：三百年島嶼奇幻誌・妖鬼神遊卷》，聯經，二〇一七年一月，頁五七三—五七四。

4 白易弘，《臺灣民間故事類型歸屬研究》，中國文化大學中國文學系碩士論文，二〇一二年，頁七十八。

5 清翔，〈虎姑婆是哪種虎？鄭成功曾在台灣野放過老虎？——漫談臺灣老虎傳說〉，《泛科學PanSci》，二〇一七年六月三日，https://pansci.asia/archives/120382

6 行人文化實驗室附屬妖怪研究室，《臺灣妖怪研究室報告3　妖怪見聞錄》，行人，二〇一五年十一月，頁二十八—二十九。

7 何敬堯，《妖怪台灣：三百年島嶼奇幻誌・妖鬼神遊卷》，聯經，二〇一七年一月，頁五二八—五三一。

8 參見英塘翠著，鳳氣至純平、許倍榕譯，〈生番童話：驅除巨漢怪——花蓮港賽德克族的童話〉，收錄於許俊雅主編，《日治時期原住民相關文獻翻譯選集：探險記・傳說・童話》，秀威，二〇一九年七月，頁二四三－二四六。

9 桑迫里美，《日治時期出版的日文台灣民間故事書研究（一九一〇年－一九四五年）》，國立中山大學中國文學系碩士論文，二〇一二年，頁七十二。

10 何敬堯，《妖怪台灣：三百年島嶼奇幻誌・妖鬼神遊卷》，聯經，二〇一七年一月，頁三三五－三三七。

11 片岡巖著，陳金田、馮作民譯，《臺灣風俗誌》，大立，一九八六年版，頁四一四－四一五。

中國的《虎姑婆》

中國各地流傳多種故事版本，其中最大的差異在於動物主角的種類，除了老虎之外，還有豹（河南、湖南）、狼（吉林、遼寧、北京、河北、河南、江蘇、四川、安徽、山東、山西、陝西）、熊（吉林、浙江、廣東、廣西、四川）、狐狸（遼寧、福建、江蘇、湖南、甘肅、內蒙）、猴精（福建）、猩猩（廣西、廣東、貴州、雲南）、野人（浙江、江蘇、廣東、湖南、雲南）、母豬精（雲南）、蟒（黑龍江、青海）、妖怪（吉林、廣東、廣西、浙江、貴州、雲南、甘肅、寧夏、內蒙）、變婆

清・馬負圖繪，《畫虎》（軸）。
（國立故宮博物院，文物圖檔編號：K2A002991N000000000PAA）

（貴州、廣西）、魔鬼（雲南、西藏）[1]。

分析差異原因，應與當地生態環境及動物棲息地有關，如華南、華北、東北為老虎的棲息地，河南有華北豹，狼的足跡遍布整個中國，四川及東北有黑熊，甘肅及內蒙有沙狐，福建及湖南有紅狐。然而中國沒有猩猩，古代文獻中的猩猩可能是指「長臂猿」，棲息地為雲南。

臺灣沒有老虎，但有臺灣特有的亞洲黑熊亞種臺灣黑熊，為什麼臺灣漢人族群流傳的虎姑婆故事沒有因此變成「熊姑婆」呢？對照臺東卑南族有《熊外婆》，我猜測或許是因為熊出沒的地方為山林中原住民的生活領域，而漢人一般多在平地生活，不太有機會遇到熊，所以虎姑婆才沒有被換角吧？

註釋

1 參見吳安清，《虎姑婆故事研究》，東吳大學中國文學系碩士論文，二〇〇四年，頁五、一三一—一四八。飯倉照平，〈中国の人を食う妖怪と日本の山姥—逃走譚にみる両者の対応—〉，《口承文芸研究》第十六號，一九九三年三月，頁六—七。

韓國的《虎姑婆》

從前從前，很久很久以前，有一位媽媽和一對兄妹住在一個山村裡。他們非常貧窮，常常連一日三餐都吃不飽。

有一天，村子裡舉行慶典，媽媽工作到很晚才帶著主人家贈送的年糕回家，結果路上卻遇到一隻大老虎。

「給我一塊年糕，我就不吃妳！」老虎說。

於是媽媽給了老虎一塊年糕，然後繼續趕路，但老虎卻一直跟著她，還不停地向她要年糕吃。

「給你，這是最後一塊了，我把孩子們要吃的年糕都給你了，現在請你離開吧！」媽媽懇求老虎。

但老虎卻一口把媽媽吃掉了，還穿上她的衣服，朝孩子們的家裡走去……

——摘錄自韓國民間故事《變成日月的兄妹》해와 달이 된 오누이[1]

老虎假裝自己是孩子們的媽媽回家，要求兄妹倆幫牠開門。他們見到一雙毛茸茸的手而察覺有異，便逃到大樹上，向上天祈求救援，於是天上降下一道結實的繩子，兄妹倆便拉著繩子升上天。老虎見狀，也向上天祈求降繩，不料天上卻降下一道腐爛的繩子，老虎用力伸手一拉，繩子就斷了，牠也摔死了。至於升上天空的兩兄妹，哥哥變成了太陽，妹妹變成了月亮，從此溫暖地照耀全世界[2]。

韓國還有一則「萇山虎（장산범）」的現代都市傳說。相傳在釜山廣域市海雲台區的萇山裡住著一隻善於模仿人類的妖物，牠能幻化為人形、模仿各種人聲，再用充滿魔力的聲音來迷惑人類，並趁機吃人。然而根據市政廳及當地民俗學家的考究，在歷史文獻及民間故事中並沒有關於萇山虎的類似記載[3]，但人們還是持續口耳相傳。二〇一七年，萇山虎的故事被改編成電影，片名為《仿聲靈》，於全球共一百二十二個國家上映或播出。

註釋

1 해와 달이 된 오누이，KBS WORLD，https://world.kbs.co.kr/service/contents_view.htm?lang=k&menu_cate=culture&id=&board_seq=404599&page=0

2 參見李正珉、鄭潤道、金恩美、崔世勳、金佳圓編，張鈺琦、林文玉譯，《源來如此：形塑韓國文化DNA的經典傳說》，凌宇，二〇二一年五月，頁一六〇－一六二。

3 장산범，namu.wiki，https://namu.wiki/w/%EC%9E%A5%EC%82%B0%EB%B2%94

日本的《鬼婆》

日本民間故事中，有一個名為《天道的金鎖》（天道さん金の鎖、天道さん金の綱、天道さんの金の鎖）的異文故事。故事內容與韓國民間故事《變成日月的兄妹》很相似，只不過故事裡的反派主角不是老虎，而是居住在深山裡的老妖怪「山姥」（又名鬼婆、鬼女），牠會下山假裝成小孩的母親，並且吃掉小孩。

故事的主角是負責顧家的三兄弟（太郎、次郎、三郎[1]）或三姊妹（松子、竹子、梅子[2]），其中老三會被吃掉，老大與老二驚惶逃走後，天上會降下一道救援金鎖，兩人拉著金鎖、升上天，化成天上的星星。而山姥抓住天上降下的爛繩，繩子斷掉後，她就摔死了[3]。

山姥也稱為山母、山女、山姫或山媽媽，在日本民間故事中多為大口吃人的恐怖女性角色[4]，她擁有能吞噬一切的能力[5]，還有洞悉人心的讀心術[6]。山姥的外貌不一定是老婆婆的樣子，也可能是中年婦女，或是年輕貌美的女子。傳說山姥住在深山小屋中，她會打扮成尋常婦人的模樣，等待那些在山裡迷路的人們，再伺機將他們吃掉。許多故事中的山姥最後會現出真身，化為蜘蛛[7]，但也有變成貍、獾或蛇[8]。在《牛方與山姥》中，養牛人在山中被山姥追趕，連他的牛都被山姥吃掉。為了報仇，他便在半夜將山姥丟進鍋子裡燒死[9]。

江戶時代的浮世繪畫家葛氏北齋有一幅令人戰慄的畫作，名為《笑般若[10]》，描繪一名頭上長角，還有獠牙與利爪的女鬼「般若」。她的手上抓著一顆小孩的頭，笑得極為猖狂。

般若是由女性強烈的妒忌、怨恨與痛苦導致靈魂出竅、化為惡靈，她的外型多為年輕貌美的女性，但頭上長了犄角。傳說般若居住在深山之中，經常發出令人毛骨悚然的可怕笑聲，她會在半夜裡去吃人，而且特別喜歡吃小孩子。其實般若的本體是活人女性，只是靈魂出竅變成「般若」，因此當般若在外為非作歹時，本尊是毫不知情，只覺得自己好像是在夢境之中[11]。

註釋

1 天道さんの金の鎖（廣島縣），民話の部屋，https://minwanoheya.jp/area/hiroshima_014/

2 土橋里木編，《甲州昔話集》，《全国昔話資料集成16》，山梨，岩崎美術社，一九七五年九月，https://design-archive.pref.yamanashi.jp/oldtale/12204.html

3 天道さんの金の鎖，【妖怪図鑑】新版ＴＹＺ，二〇二一年十月二十四日，http://tyz-yokai.blog.jp/archives/1079718379.html

4 河合隼雄著，廣梅芳、林詠純譯，《日本人的傳說與心靈》，心靈工坊，二〇一九年五月，二版，頁八十。

5 同前註，頁八十四。

6 鳥山石燕繪，宮竹正編著，《百鬼夜行：鳥山石燕傳世作品集》（上），江蘇鳳凰美術，二〇一四年九月，頁五十三。

7 河合隼雄著，廣梅芳、林詠純譯，《日本人的傳說與心靈》，心靈工坊，二〇一九年五月，二版，頁八十四。

8 同前註，頁九十七。

9 小和田哲男著，李欣怡譯，《鬼滅的日本史》，網路與書，二〇二一年二月，頁兩百。

10

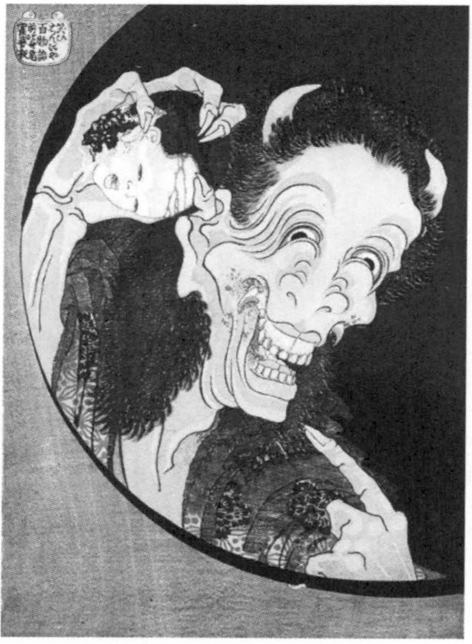

笑般若。葛飾北齋（1760-1849），《百物語》。

11 鳥山石燕繪，宮竹正編著，《百鬼夜行：鳥山石燕傳世作品集》（上），江蘇鳳凰美術，二〇一四年九月，頁一四九。

虎姑婆是哪種虎？

老虎也被稱為「大貓」，因為牠是貓科動物。貓科動物可分為豹亞科（Pantherinae）和貓亞科（Felinae）兩科，前者為大型貓科動物，簡稱大貓；後者為小型貓科動物，簡稱小貓。豹亞科又分為豹屬（Panthera）及雲豹屬（Neofelis）二屬，涵蓋獅、虎、美洲豹、花豹、雪豹和雲豹等物種。而貓亞科則包括獵豹和美洲獅等共十二屬三十種，牠們無論體型大小都擅長爬樹，也有些種類較擅長在地面奔跑和跳躍[1]。

二〇〇四年，研究人員以分子遺傳工具分析數百隻老虎樣本的染色體ＤＮＡ，並與傳統分類學的資料互相對照，確認全球老虎亞種共有九種，依鑑定年份排序，分別為：孟加拉虎（Bengal tiger, Panthera tigris tigris, 一七五八）、裏海虎（Caspian tiger, Panthera tigris virgata, 一八一五）、西伯利亞虎（Amur tiger, Panthera tigris altaica, 一八四四）、爪哇虎（Javan tiger, Panthera tigris sondaica, 一八四四）、華南虎（South China tiger, Panthera tigris amoyensis, 一九〇五）、峇里虎（Bali tiger, Panthera tigris balica, 一九一二）、蘇門達臘虎（Panthera tigris sumatrae，一九二九）、印度支那虎（Indochinese tiger, Panthera tigris corbetti, 一九六八），以及馬來亞虎（Malayan tiger, Panthera tigris jacksoni, 二〇〇四）。其中裏海虎、爪哇虎、峇里虎，已於上個世紀滅絕[2]。

虎姑婆是「華南虎」，又名廈門虎、中國虎或南中國虎，是中國唯一的特有亞種。相較於中國境內的另外兩種虎：西伯利亞虎（東北虎、朝鮮虎）及孟加拉虎（印度虎），華南虎的毛色較淺，條紋較窄、間隔較短，體型較小，身形修長且腰部較細，所以母老虎在外型上可能與人類相似。華南虎雄虎身長約二百五十公分，重約一百五十公斤；雌虎身長約二百三十公分，體重約一百一十公斤。

華南虎的主要棲息地分布於中國南部的森林（海拔三千公尺以下的闊葉林、針闊葉混交林和濃密灌叢），因此許多南方民間故事與文獻中都有關於華南虎的記載。不過在華東、華中、西南的廣闊地區，甚至陝南、隴東、豫西及晉南等地也曾經發現華南虎出沒的蹤跡[3]。華南虎多半是單獨生活而且多在夜間活動，嗅覺發達、行動敏捷，擅長游泳但不擅長爬樹。這或許可以解釋為什麼《虎姑婆》故事中的姊姊會逃到樹上。

研究指出，一隻華南虎的生存需要至少七十平方公里的森林、二百頭鹿、三百頭羊和一百五十隻豬，然而人類的土地開發使得華南虎棲地面積大幅縮減且破碎化，不利於生存繁衍，食物不足使得牠們長期處於飢餓、營養不良的狀態。在國際自然與自然資源保護聯盟（International Union for Conservation of Nature and Natural Resources, IUCN）編製與發布的《瀕危物種紅色名錄》中，華南虎、馬來亞虎及蘇門答臘虎均為「極危」（Critically Endangered, CR）物種，野生種群滅絕的機率非常高，尤其野生的華南虎疑似已經滅絕，自從一九九四年最後一隻野生華南虎在湖南被射殺後，中國已無確鑿證據證明目前仍有野生個體的存在，現存的華南虎都是人工飼養[4]。至於西伯利亞虎及孟加拉虎則為「瀕危」（Endangered, EN）物種。

臺灣雖然沒有虎，但同屬大型貓科動物的臺灣雲豹在日治時期被稱為「臺灣虎」。臺灣雲豹的毛色為黃褐色，自額頭至肩部有數條黑色縱帶，頸側及體側有大塊雲狀黑斑。身長約六十至一百二十公分；尾長約七十至九十公分，重量約十五至三十公斤。主要棲息在海拔一千公尺左右較原始的密林中，於二〇一三年宣告滅絕[5]。昔日的臺灣先民們是否曾經於山林中「指豹為虎」？臺灣的虎姑婆有沒有可能是臺灣雲豹？或者石虎？對此我沒有答案，只有無限想像。

註釋

1 臺北市立動物園，二〇二〇年十一月六日新聞稿，https://www.zoo.gov.taipei/News_Content.aspx?n=BD065B2FA7782989&sms=72544237BBE4C5F6&s=EFCFC2684933D685

2 朱于飛，〈虎年談虎保育〉，《臺灣博物季刊》，第一五三期，二〇二二年三月，頁十三。

3 華南虎，維基百科，https://zh.wikipedia.org/zh-tw/%E5%8D%8E%E5%8D%97%E8%99%8E
百度百科，https://baike.baidu.hk/item/%E8%8F%AF%E5%8D%97%E8%99%8E/3060

4 江柏毅，〈甲骨文的「虎」字與瀕危的華南虎〉，《CASE報科學》，二〇二三年十月三十一日，https://case.ntu.edu.tw/blog/?p=43103；徐婉蓉，〈迎虎年認識瀕危的亞洲大貓〉，《國語日報》，二〇二二年一月二十二日，https://www.mdnkids.com/content.asp?Link_String_=210M00000BSVEID

5 臺灣雲豹，維基百科https://zh.wikipedia.org/wiki/%E5%8F%B0%E7%81%A3%E9%9B%B2%E8%B1%B9#%E7%94%9F%E7%89%A9%E7%89%B9%E5%BE%B5；臺灣雲豹，國立臺灣博物館https://www.ntm.gov.tw/News_Card_Content.aspx?n=5570&s=148228&dsn=148228

Part 3

老虎與女神

我在創作小說《蓬萊島物語之虎姑娘》時提出兩個假說，【假說一】傳說中的虎姑婆其實是照顧孩童的守護神，而且是老虎神，吃小孩等惡行應該是被後世污名化的結果，原因可能是性別歧視。為了證明這個假說，我必須深入研究兒童保護神這個陌生的領域，也因此有重大發現！

虎爺

說到虎，又是兒童的守護神，自然聯想到「虎爺」。虎爺又名虎爺公，是土地公的腳力，一般在中、大型的土地公廟中均有供奉虎爺，配祀於土地公神桌之下。傳說從前從前，有一隻住在山上的老虎下山至村落裡攻擊老百姓及畜禽，於是村民們向土地公求助，拜託土地公收服老虎，土地公公便帶著拐杖上山打老虎，從此老虎便受土地公管轄並成為祂的坐騎，若無土地公准許，老虎不能隨便咬人；若牠得令可以咬人，那麼該人必定是一位為非作歹的惡人，故俗語有「土地神轄山中虎」、「土地公無書號，虎不敢咬人」之說。

虎爺也是媽祖娘娘座前的腳力，因協助媽祖斬妖除魔、保護生靈，獲玉皇大帝敕封為「將軍」，得與媽祖娘娘同享人間煙火。傳說清代嘉慶太子[1]遊臺灣時，突遭強盜打劫，危急之際出現一隻老虎救駕，使太子安然脫險。後來當太子遊歷至嘉義朴子配天宮時，赫然發現神龕下的虎爺竟然與當天救駕的老虎長得一模一樣。太子為感念虎爺神蹟，特賜黃龍袍、封為「山軍尊神」，從此供奉於神桌之上[2]。必須一提的是，二〇二四年日本「青森睡魔[3]祭」（青森ねぶた祭）的二十二座燈籠中，其中一座由「睡魔愛好會」睡魔師諏訪慎製作的「大海守護神　媽祖娘娘」（大海たいかいの守護神しゅごしん　天妃様）[4]，即是由愛好會的臺灣成員黃筱雯（下町貴族[5]）親自到嘉義朴子配天宮取材並參與設計。該睡魔正面為配天宮主神樸仔媽，還有千里眼及順風耳兩位將軍；背面則是三尊山軍尊神。視覺效果不僅絕美，夜間點燈後更極具震撼力，筆者光是看影片[6]就感動得想哭！

保生大帝的座下則為「黑虎將軍」。相傳宋代有一隻老虎吞了一名婦人，喉嚨被婦人頭上的髮釵刺傷，因此向吳真人求救，吳真人罵牠：「你殘害的人畜太多了，這是上天給你的懲罰，我不能救你。」但老虎不肯離去，仍在原地低頭懺悔，後來吳真人被牠的誠心感動，便為牠醫治。老虎為了感念吳真人的恩德，從此隨侍在側、寸步不離，供真人坐騎差遣，死後依然忠誠守護，真人便度虎為神，民間尊奉為「黑虎將軍」，又稱「將軍爺」[7]。

傳說（特別是生肖屬虎的）小孩若認虎爺為「契父」，就能平安好運、順利成長[8]。虎爺也能治療小孩的腮腺炎（俗稱豬頭皮），因為「虎咬豬」，只要到有供奉虎爺的廟宇，以金白錢撫摸虎爺神像下額，或請廟祝畫一道虎形符，再將該紙錢或符咒貼在患部上，就能消腫[9]。虎爺也能驅離「魔神仔」（精靈），因神明主管人界，山林中的精靈則歸虎爺管轄[10]。

虎爺同時也是中路財神趙公明的座騎，因此民間信奉虎爺能招財、會「咬錢來」。財神性質的虎爺通常是金色的「金虎爺」，只要敬拜虎爺，和虎爺換錢水，就會「真好額（真有錢）」。記得要準備虎爺喜歡的食物，如生豬肉、生雞蛋、肉乾或者炸雞。

馬來西亞檳榔嶼椰腳街的觀音亭廣福宮興建於一八〇〇年，是當地最負盛名的古廟，它是檳榔嶼首府喬治市市區中心最早期的華人廟宇，用以維持檳榔嶼華人的宗教信仰和協調早期華人社會的事務與活動。廣福宮供奉的主神是觀世音菩薩。廟前古井有一棵百年榕樹，被視兒童保護神，當孩子出世時，家家都會供上鮮花水果，向樹神默唸孩子的姓名和生辰八字，並且過契給樹神當乾兒子，請樹神保佑孩子長大成人。守護廟堂、驅凶逐瘟癘、抵禦百邪的則是虎爺，又稱虎將軍或太歲，一般善眾於新春期間到廟裡拜太歲時，都是為了打小人以及得貴人相助，拜太歲時供奉一顆鴨蛋加上豬油請虎爺吃，意即吃掉小人，可除霉運、行好運[11]。

註釋

1 歷史上真正來過臺灣的太子是日治時代的裕仁太子（即後來的昭和天皇），他在大正十二年（一九二三年）四月十六日到四月二十七日造訪臺灣各地，停留共十二天，稱為「臺灣行啟」。而臺灣中、南部地區廣泛流傳「嘉慶君遊臺灣」故事，然而事實上嘉慶皇帝無論即位前或登基後，都不曾造訪過臺灣。嘉慶皇帝（一七六〇—一八二〇）是滿族入關後第五位皇帝，清高宗乾隆的第十五子，全名為愛新覺羅・顒琰，年號嘉慶、廟號仁宗，在位共二十五年（一七九六—一八二〇），謚號睿皇帝。傳說中嘉慶君在臺遊歷、考察民情、鋤強扶弱、宅心仁厚，良好形象深植民心，許多名勝古蹟、廟宇更是與他遊臺傳說緊密相連，成為臺灣民間口耳相傳的傳奇人物。參見《嘉慶君・遊臺灣——清仁宗文物特展展覽概述》，國立臺灣故宮博物院南部院區，https://south.npm.gov.tw/ExhibitionsDetailC003110.aspx?Cond=94648ca4-a58f-48319862-d7ac8866169&appname=Exhibition3113&State=2。

2 山軍尊神虎爺公，朴子配天宮，http://www.peitiangung.org.tw/particular_4.html

3 睡魔（ねぶた），指寬九公尺，深七公尺，高五公尺的大型人形燈籠，多以戰國時期的武將，歷史故事或歌舞伎表演為題材，色彩鮮艷，極具震撼力。參見青森睡魔祭官方網站，https://www.nebuta.jp/foreign/traditional.html

4

5 https://www.facebook.com/ShitamachiKizoku

6 https://www.facebook.com/share/v/2No5CmE3AhChe12H/

7 正殿奉祀神明，黑虎將軍，大龍峒保安宮，https://www.baoan.org.tw/devote.php?&lang=tw#d114。

8 莊伯和，〈小孩的守護——虎爺〉，《傳藝雙月刊》一〇六期，二〇一三年六月，頁一百。

9 高佩英，《臺灣漢人社會動物神靈信仰與文化之研究》，國立暨南國際大學歷史學系博士論文，二〇一七年，頁七十八。

10 林茂賢，〈臺灣人的老虎意象〉，《臺灣博物季刊》第四十一卷第一期，二〇二二年三月，頁十一。

11 陳晶芬，《馬來西亞華人的年節習俗與神話傳說——以檳榔嶼華裔族群為主》，國立政治大學中國文學系碩士論文，二〇一二年五月，頁一三七—一三八。

全臺唯一「江虎婆」

虎爺是照顧孩童的守護神，而且是老虎神，但虎爺是男性，不是女性。我讀完許多關於虎爺的介紹，遺憾的是裡面沒有與虎姑婆相關的線索，無從證明我的【假說一】。因此我的研究進入一段尷尬的停滯卡關期。

某日我在讀資料的時候注意到，艋舺青山宮的虎爺很特別，竟然是一家三口，有虎爸爸、虎媽媽和小虎爺[1]。虎媽媽的存在讓我思忖，既然有男性的虎爺，是不是也有女性存在呢？突然間，「虎婆」這兩個字從我腦海中蹦了出來！

懷揣著虎婆存在的可能性，日思夜想約莫兩天左右，神奇的事情發生了，我在放空滑手機時有了突破盲腸的驚人發現——「開基臺南市臨水夫人媽廟」竟然有全臺唯一的虎形「江虎婆」神尊！真是踏破鐵鞋無覓處，得來全不費工夫，對於天降線索如獲至寶的我，趕緊搜尋查找各種資料，也立刻著手規劃臺南行程，我決定要親自拜訪臨水夫人媽廟，進行田野調查。

臨水夫人媽廟是全臺灣最古老也是最具規模的專司生育、救產扶嬰、治病驅邪之婦女廟，始建於一七三六年清乾隆年間，以臨水夫人陳靖姑為主神。在廟宇後殿的臨水夫人神桌下方供奉一尊老虎神像，常常被誤認為是虎爺，但經廟方人員多次擲筊詢問，得到的答案都是「虎婆」，而且是全臺灣唯一的一尊虎婆。

二〇二三年，廟方聘請臺南美展傳統工藝類首獎得主劉進文老師，幫虎婆打造色彩繽紛的全新金尊，並於開光儀式完成後奉於大殿神桌上。為了增進社會大眾對虎婆的認識，金尊底座上面特別註明「江虎婆」，背後亦附上「江虎婆簡介」：梨山老母身邊的一隻雌虎偷跑下山，因戲虐家禽家畜而被莊民追殺，逃至一戶江姓人家時，適逢江夫人臨盆生下一名女嬰，於是雌虎靈體投身女嬰成為人虎合體，取名江山育。後來被臨水夫人收服，專司小兒收驚及治病之責。

在造訪臨水夫人媽廟前，我讀了一些有關江虎婆的文獻記載，卻發現部分內容與上述簡介有所出入，我想除了虎婆本尊外，應該沒有任何人能回答我的問題，於是我決定以擲筊的方式恭請虎婆解答。二〇二四年六月十七日中午，我帶著供品、未完成的書稿以及一顆虔誠的心，來到位於臺南市中西區建業街十六號的臨水夫人媽廟，完成參拜儀式並稟告來意後，立刻進入令人既緊張又興奮的Q＆A環節：

Q1：虎婆，我想要拍您的照片放在書裡可以嗎？

A：聖筊！

Q2：首先我想瞭解有關神像造型的差異，福建各地的江虎婆神像都是以人形騎虎之姿塑像，唯獨您是虎形。您本是虎靈，是否應以虎形呈現比較正確？

A：聖筊！

Q3：第二個問題是想瞭解您與民間故事《虎姑婆》之間的關係，根據文獻記載，您是否曾經幻化虎形吃人、到村莊作亂，然後被臨水夫人收服？

A：陰筊！

Q4：所以您並沒有吃人或作亂，而是在遇到臨水夫人之後，因為有緣，就跟著祂一起去修行？

A：聖筊！

Q5：所以您和民間故事《虎姑婆》無關？

A：陰筊！

Q6：那麼民間故事《虎姑婆》是否是與人因為疾病而「虎變」，還有流傳於廣西、雲南、貴州等地的「變婆」傳說有關？

A：聖筊！

Q7：虎婆、虎婆，請問我這本書的書名叫做《虎姑婆調查報告》好不好？

A：聖筊！

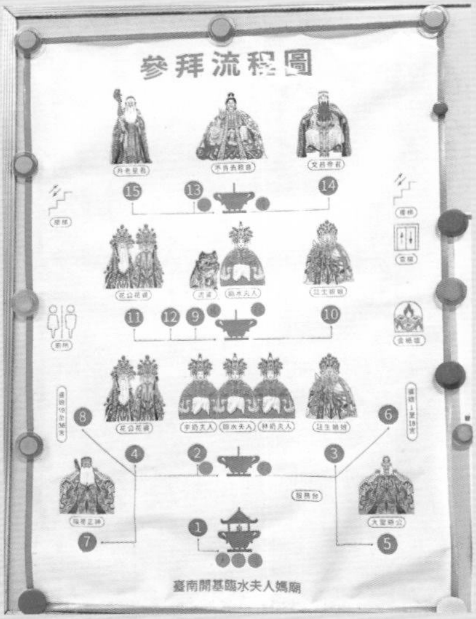

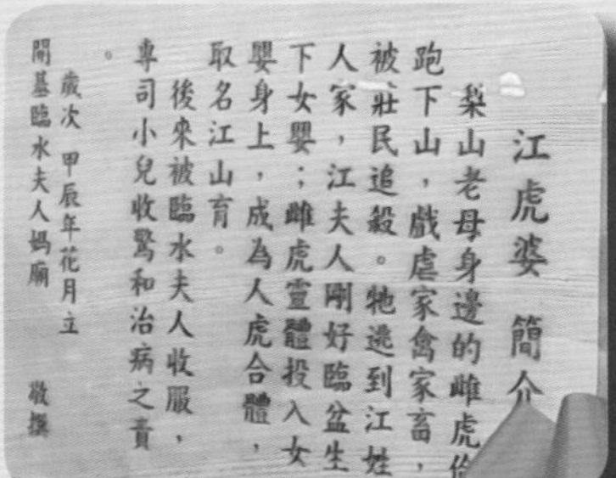

開基臨水夫人媽廟，落址於臺南市中西區建業街十六號；大殿上有一尊江虎婆的雕像與介紹，廟裡其他角落亦有「參拜流程」及「創設沿革與現況」等詳盡說明。

臨水夫人媽廟

隨後，我與虎婆約定好，待十二月新書出版後，將攜帶兩本書前來獻給虎婆。不料回臺北後，我立刻發現自己竟然漏掉一個超級重要的問題：我在《蓬萊島物語之虎姑娘》中有寫小金的生日，但我卻忘記擲筊詢問虎婆聖誕是幾月幾日了。懊惱之餘，卻也靈機一動，不如直接打電話問廟方人員吧！想不到廟方接電話的大姊竟然也表示不清楚：「可能是六月六日，也可能是三月十六日，很久以前好像有問過，但不記得了。」此時我內心一陣晴天霹靂，蝦密！神明生日這麼重要的事情妳竟然不知道？「啊，我們七月二十七日上午十點要開記者會，那天可能會知道。」記者會？那是什麼記者會？「就是教母亭修復好了，有一個修復暨揭亭儀式。」喔？那記者會歡迎外人參加嗎？「都是公開的啊，不然妳就看報導，會發新聞。」謝過大姊、掛上電話後，我左思右想，莫非是神明希望我去參加儀式嗎？於是我立刻調整工作行程、訂了車票及住宿，決定前往臺南參加記者會。

然而事情的發展卻不如我所料，拜強烈颱風「凱米」所賜，臺灣竟迎來睽違八年之久的颱風假，而且還連放兩天！望著窗外的狂風暴雨，我只好取消車票與住宿。結果二十七日的新聞報導中也沒有提到虎婆的生日，再次致電廟方也沒得到答案，於是我又訂了前往臺南的車票及住宿，決定二度拜訪虎婆、尋求解答。

八月二十一日中午，我帶著小說一校稿抵達臨水夫人媽廟，完成參拜儀式並稟告來意後，開啟令人緊張又興奮的Q＆A環節：

Q1：虎婆我想請問一下您的生日和虎爺一樣是農曆六月六日嗎？

A：陰筊！

Q2：那是如廟方人員所說的農曆三月十六日嗎？

A：陰筊！

Q3：那虎婆我方便請教您的生日嗎？我從農曆一月開始問，一路問到十二月，我先從月份開始問好嗎？

A：陰筊！

Q4：您是不是覺得生日不重要，不要問生日？

A：聖筊！

Q5：可是虎婆因為我在書裡有寫到一段小金打敗了壞人，村民們為了感謝她，於是在她生日這一天舉辦慶典。所以我想知道您生日的日期。如果用臨水夫人的生日當作您的生日好不好？

A：陰筊！

Q6：小說是虛構的，故事不完全符合真實，但目前的內容需要有一個日期，否則就要重新改寫。我是小說的作者，是否我可以自己訂一個日期當作小金的生日？

A：聖筊！

註釋

1 艋舺青山宮／找亮點！總仔偷偷告訴你，二〇一八年十月二十四日，https://www.nownews.com/news/5623486。

明・佚名，《內府騶虞圖》（卷）。
（國立故宮博物院，文物圖檔編號：K2A001662N000000000PAB）

臨水夫人

在開基臺南市臨水夫人媽廟所編印的簡介手冊中，收錄〈臨水夫人媽聖記〉，相傳臨水夫人陳靖姑（九〇五－九二八）是觀世音菩薩的化身，依《閩都別記》與《臺灣縣志》記載：福建省泉州府東門外廿五里處的洛陽江，水深流急，船渡困難，時常有妖怪出沒，吞食往來商旅。當時泉州刺史王延彬愛民如子，斥資造橋，卻屢次被水流沖毀。觀世音菩薩得知後，推算出這是因為北極玄天上帝成道時剖腸肚遺棄於江中，受天地精華變為龜蛇二怪，殘害百姓。菩薩親臨洛陽江收復二怪，施法術化竹葉為彩船、柳枝為槳櫓，土地神化作舵工撐船，菩薩化為美女坐船中，稱若有人能將金銀投中其身者，願結為夫婦，否則金銀悉數用於造橋。以販菜為業的王成，生性剛直、屢試屢敗，後得呂洞賓相助而擲中，但菩薩以神俗無法結緣，使彩船、美人同時翻覆。王成見人財兩空，遂投江自盡，其魂魄由菩薩相助、轉生為古田劉家兒子，菩薩亦降生福州下渡陳家為女，名靖姑，以了結凡間因果。

陳靖姑生於唐哀帝天佑二年（九〇五年）正月十五日，父親陳昌，母親葛氏。十八歲時嫁給劉杞為妻。靖姑臨盆時景雲覆室、紫氣盈庭，鄰里稱奇，均引為吉祥之兆。她幼年聰敏，具通靈能力，能悟解玄機。七歲熟讀《易經》，十三歲拜入閭山大法院許真君門下學習道法，學成後下山行道，由王、楊二太保為護法。師父特意叮囑她二十四歲勿行法事。

行道過程中，靖姑結識許多名門閨秀、知心好友，有虎婆江山育、二娘林紗娘、三娘李三娘等十位姊妹，她們義結金蘭、濟世萬民，後稱十宮姊妹。

五代后唐天成三年（九二八年），臨水鄉大旱，民不聊生。靖姑當時二十四歲且身懷六甲，憐憫百姓受飢餓之苦，於是她不顧自身安危，脫胎於家中之後，逕赴江邊行法祈雨。上天感其至誠而降下大雨，旱象頓消，萬物得以生機。然其胎兒卻被長坑鬼吞食。靖姑悲痛欲絕，追殺鬼怪至臨水舊洞，將其永鎮洞中，她卻因產後淋雨耗力，寒浸五臟六腑，於八月十六日在洞口成道正果，並且留下誓願，將替天下之人救產保胎。

此後臨水鄉人開始祀奉祂，尊稱臨水夫人。沿海一帶婦女、兒童遇災時，向臨水夫人祈拜，皆得靈驗救助。因陳靖姑於十八歲結婚、二十四歲成道，故古田、福州一帶流傳女子十八、二十四歲不能結婚的風俗。

閩地百姓為感念臨水夫人恩澤，除在各地建廟頂禮膜拜外，還在祂成道之處建造臨水宮（臨水夫人媽祖廟）。宋代淳佑年間，臨水夫人獲御賜為「慈濟夫人」。清咸豐年間則晉封為「順天聖母」，並賜額「順懿」二字。

目前民間道教多將臨水夫人奉為護國佑民、救產佑童的法主和女神。臺灣供奉臨水夫人的「三奶派」（即陳靖姑、林紗娘、李三娘，合稱三奶夫人）已成為道教淨明道中的一個教派，又稱「淨明閭山三奶派」。

臺灣民間信仰一般多將臨水夫人視為註生娘娘，然而二者有時未必能劃上等號，因為「註生娘娘」只是女性生育神的代名詞，並沒有特定專指某一位神尊，因此若要判斷某間廟宇中的註生娘娘是否為臨水夫人，可從聖誕日來判斷，若為正月十五日，即可肯定該廟宇的註生娘娘為臨水夫人；若否，則該廟宇的註生娘娘可能為其他神明[1]。

註釋

1 參見羅涼萍，〈陳靖姑信仰的發展與臺灣現況〉，問天期刊，第五期，二〇二二年十二月，頁三〇二。

《閩都別記》

《閩都別記》為閩人「里人何求」的作品，成書於清乾嘉時期，是一本奇特的章回小說，作者真實姓名不詳。故事以福州東山榴花洞一對青年男女逃避土匪為開端，貫串到漢唐五代十國，特詳述十國時期的閩王朝，經歷宋、元至清初共十個朝代，包含歷代興亡盛衰與無數名人趣事，全書共四百回、一百二十餘萬言。

本書主要描寫福建（尤其是福州地區）的社會生活，記錄大量民間故事、歷史典故、神話、地方掌故、風俗習慣、名勝古蹟、俚謠俗諺以及方言土語等，帶有濃厚的地方色彩與鄉土氣息，雅俗共賞，深為一般大眾喜愛。書名雖為「閩都」，但主角行動範圍往往涉及外省或外國，內容不限於福州或福建地區，甚至不時敘述全國發生的大事，而與整個中國政治發展相呼應。由於臨水夫人陳靖姑為福州地區民間崇奉的保護神，陳靖姑的傳說與神話在福州地區民間流傳甚廣，作者也特別著墨她降服水怪、山妖等為民除害的神話故事[1]。

值得注意的是，書中有兩個章節與虎婆有關，第二十三回「鬼改法門虎婆遊食，妖占商婦元君別師」，描述虎精江山育至父母外出的三姊妹家中拜訪，自稱「姨媽」，與三姝同床共寢，並在吃掉小妹後遁逃，其內容與《虎姑婆》極為相似；第二十四回「靖姑割肉補父癰母疽，元君救難收猴怪虎婆」，則描述江山育化身猛虎戲懲風流登徒子李生，嗣經陳靖姑收服為護法，並以姊妹相稱。

根據我的推測，作者「里人何求」應該是為了要強化陳靖姑收妖的戲劇效果，於是自己腦補、將當地流傳的《虎姑婆》故事與江虎婆傳說進行了不當聯結。不確定該內容有沒有造成虎婆的困擾，這題我沒有問，但在前述Q&A環節中，虎婆已澄清自己與《虎姑婆》故事毫無干係，還望世人能「小說歸小說」，切莫繼續以訛傳訛。

註釋

1 參見楊崇森，〈介紹一本奇書——《閩都別記》〉，《國家圖書館館訊》，九十五年第四期，二〇〇六年十一月，頁一。

婆姐／婆者／姐母

女性的兒童守護神除了虎婆、臨水夫人及註生娘娘外，還有婆姐，或稱為婆者、姐母。

傳說陳靖姑於歸寧下渡娘家期間，曾替「閩王」王廷彬[1]解決妖患，她入宮斬白蛇，救出皇后並施法復活三十六位宮女。閩王為表感謝，遂將宮女們賜予陳靖姑為徒，俗稱三十六宮夫人，又稱三十六婆姐，個個能除妖解厄、救援產婦、保胎送子。

順懿夫人像。
宋代以後，陳靖姑屢受朝廷勅封，「順懿夫人」亦是其尊稱／封號之一。
此圖出自明萬曆年間的《新刻出像增補搜神記》。

三十六婆姐

第1宮	第2宮	第3宮	第4宮	第5宮	第6宮
福州府 古田縣 陳大娘	延平府 順昌縣 黃鶯娘	福寧府 寧德縣 方四娘	興化府 莆田縣 柳蟬娘	建寧府 建甌縣 陸嬌娘	福州府 長樂縣 宋愛娘
第7宮	第8宮	第9宮	第10宮	第11宮	第12宮
泉州府 晉江縣 林珠娘	漳州府 漳浦縣 李枝娘	汀州府 連城縣 楊瑞娘	邵武府 泰寧縣 董仙娘	福州府 連江縣 何鶯娘	漳州府 漳平縣 彭英娘
第13宮	第14宮	第15宮	第16宮	第17宮	第18宮
建寧府 建陽縣 羅玉娘	泉州府 南安縣 吳月娘	福州府 羅源縣 鄭桂娘	福寧俯福 鼎縣 張春娘	建寧府 浦城縣 王七娘	福州府 侯官縣 倪鳳娘
第19宮	第20宮	第21宮	第22宮	第23宮	第24宮
汀州縣長 汀縣 包雲娘	福州府 閩縣 孫大娘	福寧府 寧德縣 趙娥娘	興化府 仙游縣 周玉娘	福州府 連江縣 程二娘	福州府 閩縣 葉柳娘
第25宮	第26宮	第27宮	第28宮	第29宮	第30宮
永春府 寧化縣 鐵春娘	福州府 永福縣 雲燕娘	泉州府 惠安縣 聶六娘	邵武府 光澤縣 劉嬌娘	福州府 侯官縣 翁金娘	建寧府 政和縣 潘翠娘
第31宮	第32宮	第33宮	第34宮	第35宮	第36宮
福州府 閩清縣 凌豔娘	泉州府 同安縣 鄧三娘	福州府 閩清縣 朱巧娘	延平府 延平縣 金秀娘	泉州府 安溪縣 藍梅娘	福寧府 霞浦縣 胡大娘

*引自開基臺南市臨水夫人媽廟簡介手冊。

另有此一說，每年正月十五日，三十六婆姐會分成三組「十二婆姐」執行職務，十二婆姐可治婦女百病，分別職司幼兒衣、食、住、行、驚嚇、夜哭和病痛等問題，陪祀於臨水夫人（註生娘娘）兩側[3]。

「十二婆者」也稱為十二「婆姐」，為註生娘娘之陪祀，分別掌管註生、註胎、監生、抱送、守胎、轉生、護產、註男女、送子、安胎、養生、抱子等事務，協助註生娘娘執行任務[4]。

「姐母」亦是分列於註生娘娘兩側、抱著或是背著小孩的十二尊神明，是奉註生娘娘之命職司兒童保護的守護神。十二尊神象徵十二地支，第一姐母保護子年生的孩子，第二姐母保護丑年生的孩子，第三姐母保護寅年生的孩子……以此類推。人從出生之後一直到十六歲以前，都受姐母保護，年滿十六歲即為成年，可以獨立行事，因此在十六歲生日時，要供奉牲禮，膜拜、叩謝姐母，稱為「出姐母宮」[5]。

註釋

1 泉州刺史王延彬（八八六—九三〇），光州固始縣（今河南省信陽市固始縣）人，晚唐泉州刺史王審邽（死後追封王爵，謚武肅，為武肅王）長子。他在泉州執政共二十六年，官民安居樂業、連年豐收，派船到海外貿易都能安全返航，人稱「招寶侍郎」。死後獲贈雲州節度使兼侍中，葬於雲台山，閩人稱為「雲台侍中」。參見王審邽，維基百科，https://zh.wikipedia.org/wiki/%E7%8E%8B%E5%AF%A9%E9%82%BD；王延彬，維基百科，https://zh.wikipedia.org/wiki/%E7%8E%8B%E5%BB%B6%E5%BD%AC

2 引自開基臺南市臨水夫人媽廟簡介手冊。

3 松山奉天宮，諸神聖紀/參拜路線，一樓—西廂，十二婆姐，https://www.ftg.org.tw/autopage_detail/3/73

4 艋舺龍山寺，認識奉祀神祇，後殿，十二婆者，https://www.lungshan.org.tw/tw/02_2_10_gods.php

5 片岡巖著，陳金田、馮作民譯，《臺灣風俗誌》，大立，一九八六年版，頁六四九。

元・佚名，《畫虎》（軸）。
（國立故宮博物院，文物圖檔編號：
K2A002977N000000000PAA）

吉村孝敬（1769-1836），《竹虎圖》。

Part 4

老虎變形記

根據我的研究及田調，
《虎姑婆》應與「虎變」及「變婆」有關，
但由於古代傳說起源已不可考，
於是我只能以「虛構推理」的方式提出【假說二】……

虎變：活人變虎、死人變婆

卡夫卡的《變形記》講述一個人突然間變成一隻蟲的故事。在中國古代，民間也流傳類似的「變身」故事，只不過是從人變成老虎，稱為「虎變」（Tigroanthropy），變虎之人稱為「虎人」（were-tigers）。

西漢淮南王劉安《淮南子．俶真訓》記載：「昔公牛哀轉病也，七日化為虎。其兄掩戶而入覘之，則虎搏而殺之。」公牛哀是春秋時代的人，相傳他在大病七天之後變成老虎，並咬死他的哥哥。而公牛哀之所以會變成老虎，是因為「轉病」，轉病又稱「易病」，東漢高誘注：「公牛氏有易病，化為虎。若中國有狂疾者，發作有時也，其為虎者，便還食人。食人者，因作真虎；不食人者，更復化為人。」

類似的故事還有宋代李昉《太平廣記．師道宣》：「晉太元元年，江夏郡安陸縣師道宣，年二十二，少未了了，後忽發狂，變為虎，食人不可紀。」明代陳繼儒《虎薈．卷四》：「乾道五年，趙生妻李氏病頭風，家人聞虎吼，走視之，化為虎頭，問之不能言，但隕涙撫其幼子。與飲食，不復食，但食生肉，日飼數斤，久之廼死。李生時凶悍，人謂惡報云。」

清代俞蛟《夢厂雜著・鄉曲枝辭・苗變虎》：「聞西粵苗人每有變虎之異，其變未久而被獵獲者，往往於前兩足皮內猶帶銀釧，蓋苗俗婦女以腕釧之多寡為貧富。余初以為誕，後居懷遠陽溪山中三閱月，與苗人習處，詢諸頭人云，其家自祖父以來，三世而兩見矣，蓋其祖母與叔皆變虎者，也將變時肢體發熱，頭目昏眩，呻吟床笫，如寒疾，數日後口噤不能言，則知其將雜變虎矣。多方拯治，間有愈者，否則口噤數日，尾尻上骨輒隆起。又數日，而盈尺漸，而目光閃爍，身上黃毛茸茸，其親屬皆環泣，病者涙亦涔涔下。乘夜，號哭舁諸野外，閉門不使入，次早不知所之矣。數月後，時啣犬豕置門，猶不忘家室云。余謂天下理所必無，而事為或有者，此類是也。然按《淮南子》謂：牛哀病七日化為虎。又《述異記》曰：漢宣城太守封邵化虎，食郡民[1]。則古恒有之矣，惟是《易》曰：大人虎變。虎為百獸之長，而苗則犬豕之類也，苗而變虎，可謂善變者矣。」

清代齊學裘《見聞續筆・卷七・婦變虎》：「道咸間，廣西古州某鄉，村婦忽變虎。祕置房中四十九日，倩道士來誦經，施食酒飯，告之曰：此後不許回家，汝既為獸，宜歸山林。告罷，用戈毛火器逐婦虎歸山。婦虎垂淚奔去。」

值得注意的是，這種活人因疾病而變虎的情況，在中國歷代文獻中多有記載，共同症狀為發熱、頭痛、頭暈目眩、不能言語、呻吟吼叫、身體腫脹、臉部變形、肢體變形、指甲彎曲、身體長毛、食人畜等生肉[2]。

除了生病，人老之後也有可能會變成老虎。西晉張華《博物志》（清代周心如校補）記載：「江陵有猛人能化為虎，俗云猛虎化為人，好著紫葛衣，足無踵，有五指者，人化為虎。江漢有貙人能為虎，俗云虎化為人，好著葛衣，其足無踵，有五指者，皆貙也。越皇國之老者，時化為虎，寧州南見有此物。」寧州南，即為雲南。

元代王禮《麟原文集後集．卷十一》〈羅瀘州子父志節狀〉：「雲南之人，近百歲往往有化為虎者，其化也先自尾而身及肩，雖子孫不敢近之，化成乃山去，歲時歸食其祀，子孫設祀于屋後隟地，虎夜歸食之而去，故其地祠虎神。」

明代陳繼儒《虎薈》卷六記載：「貴州平越山寨苗民，年可六十餘，生數子矣。丙戌秋日入山，迷不能歸，掇食水中螃蟹充饑，不覺遍體生毛，變形如野人。與虎交合，夜則引虎至民舍，為虎啟門，攫食人畜。或時化為美婦，不知者近之，輒為所抱持，以爪破胸飲血，人呼為變婆。」

分析前述描述可以發現，虎變者會自願離家或非自願被家人驅逐家門，但他們會在夜裡回家，享用家人放在門外的食物，或是將自己獵到的獵物放在家門外，獻給家人，由此可見他們顯然並未完全喪失心智。那麼這些人是真的變成了老虎嗎？還是因為罹患難治之症而被「妖魔化」？在開始推論之前，我們還需要先瞭解一下什麼是「變婆」？

在中國廣西、貴州及雲南及流傳的《虎姑婆》故事中，大反派不是老虎，而是名為「變婆」的怪物。變婆，或稱老變婆、鴨變婆、押變婆、牙騙婆、巴亞變、八業變、尼變[3]，為苗族、侗族等少數民族的傳說。

根據《從江縣志．雜錄　異聞－人類變獸》記載：「生人死後掩埋土中，或三日或五日或七日，揭棺破土而出，形體依然，顏色不類，心尚知覺，惟啞不言，呼叫有聲，腥穢之氣隨風飄蕩，聞臭欲嘔，毛骨悚然。倏忽之間，突變一龐然猛獸，奔走跳躍，竄入深林，不復稍有人性矣。凡是種也，不俱男女，死後均變，以故鄉鄰隱知底細，畏不結婚，恐為子孫累。嬰孩尤忌食乳，稍沾恐即為同化矣。此種離奇怪異之說，惟苗疆獨有之，他處則無，自古未之聞也。又惟苗、仲獨有之，他族亦自古未之聞也。」[4]

變婆是指某一類人（不分男女），他們在死後三、五、七日之內會揭棺破土而出，此時他們的外觀與肢體動作像生前一樣柔軟，沒有屍僵現象，但他們會突然失控，變成害人怪物，他們會在村莊裡攻擊人，特別會去女兒、女婿家。必須用滾燙的煤油倒入亡者的嘴巴，這樣亡者才會出現屍僵，而不能再害人。由於變婆的唾液、體液或乳汁均具有傳染力，可以將人轉為變婆，因此人們在日常生活中都盡量不吃變婆家庭提供的食物[5]。

至於變婆的由來，根據苗族傳說故事〈變婆的來歷〉記載，一名老太婆救了受困的雷公卻被燒死，雷公為了報答她，讓她死而復生，成為變婆。因此變婆的原型應該是「鬼」，鬼會吃人，尤其愛吃小孩的血肉，就和變婆一樣[6]。民俗中也認為，人若遭雷擊而死，定有不善之處，因此老天要進行懲罰。這種人死後則成為鬼，其可怖的幽靈仍將四游作祟[7]。故有論者認為，由於變婆的生成與鬼有關，而虎倀故事證明，中國《虎姑婆》的老虎主角亦可能與鬼有關，因此《虎姑婆》的形成與變婆故事可能有所關連，二者藉由「鬼」的概念而結合[8]。

註釋

1 南朝梁任昉《述異記》：「漢宣城太守封邵忽化為虎，食郡民，民呼曰封使君，因去不復來。時語曰：『無作封使君，生不治民死食民。』」

2 整理自龍聖、李向振，病患：變婆故事的社會隱喻，《民族文學研究》，第三十七卷第三期，二〇一九年，頁六—十一。

3 吳安清，《虎姑婆故事研究》，東吳大學中國文學系碩士論文，二〇〇四年，頁二十九、九十九。

4 從江縣地方志編纂委員會，《從江縣志》，〈雜錄　異聞—人類變獸〉，一九九九年，頁七四二。轉引自嚴芳姿，〈變婆的巫術指控：抹黑鄰居的社會展演〉，《民俗曲藝》第一八五期，二〇一四年九月，頁一六八。

5 參見嚴芳姿，〈變婆的巫術指控：抹黑鄰居的社會展演〉，《民俗曲藝》，第一八五期，二〇一四年九月，頁一八九、一九〇、一九三—一九四。

6 參見徐華龍，〈變婆考〉，《中國民間文化（第二集）——民俗文化研究》，上海民間文藝家協會編，學林，一九九一年，頁一八六—一九七。轉引自吳安清，《虎姑婆故事研究》，東吳大學中國文學系碩士論文，二〇〇四年，頁一百。

7 徐山，《雷神崇拜》，上海三聯書店，一九九二年，頁八—九。轉引自吳安清，《虎姑婆故事研究》，東吳大學中國文學系碩士論文，二〇〇四年，頁一〇一。

8 吳安清，《虎姑婆故事研究》，東吳大學中國文學系碩士論文，二〇〇四年，頁一〇三。

虎變的原因？

根據我的研究及田野調查，《虎姑婆》故事應該是與「虎變」及「變婆」有關，大家從以上的描述中不難發現，虎變與變婆的特徵頗為相似，首先他們都有無法言語、呻吟吼叫、行動如獸等狀況；其次是他們都會回家；最後則是地域性，相關記載及傳說主要流傳於中國西南地區：廣西、貴州及雲南。

考究至此，我赫然發現一個驚人的可能性，或許「虎姑婆」的存在，是一個比悲傷更悲傷的故事。

《虛構推理》（虛構推理 In/Spectre）是日本小說家城平京的推理小說，故事敘述被妖怪們奉為公主的「智慧之神」岩永琴子，與因食用「件」與「人魚」兩種妖怪肉而獲得不死之身的男大生櫻川九郎，兩人聯手以「合理的虛構推理」消滅都市傳說，化解妖怪及詛咒等超自然力量。

由於古代傳說的起源已不可考，難以找出「真相」，容我使用「虛構推理」的方式來提出我的【假說二】，並以符合邏輯的推理解開隱藏的真相。

傳說中的「虎姑婆」可能是人，而人之所以「變虎」或「變婆」與妖魔鬼怪無關，而是疾病[1]，這些人其實是生病了，但當時的醫藥無法治癒這種病，照顧病人不僅勞心、勞力，還傷財，於是家屬決定棄養他們。中國古代文獻中有許多棄養病患的記載，例如東晉葛洪《抱朴子．內篇．仙藥》：「上黨有趙瞿者，病癩歷年，眾治之不愈，垂死，或云不及活，流棄之。子孫轉相注易，其家乃賚糧，將之送置山穴中。」北宋歐陽修等《新唐書．列傳第一百五李德裕》：「南方信禨巫，雖父母癘疾，子棄不敢養。」

當時的人們可能已經大略明白，這種病有傳染力或為家族遺傳，病患家屬害怕自己接觸病人後染病，同時也不想讓外人知道家族成員有這種疾病，以避免未婚家屬（尤其女性）日後結婚困難[2]。基於上述成本、健康、名譽等考量，病患家屬決定將病患逐出家門，指控他們不是人，而是老虎。如果病患是老人，就宣稱他們已經死了，甚至將他們入殮、活埋下葬。

從虎變者會「流淚」並在「夜裡回家」，證明他們仍然是擁有心智的人，並沒有真的變成老虎。離家生活的他們很想家、很思念家人，卻又害怕與人接觸、顧忌被人發現，因此選擇在夜裡偷偷回家。再從「變婆沒有屍僵」證明他們還活著，而非死後復活。而「變婆回家」則證明他們是被活埋，活埋之後沒死，才又破棺而出，偷偷回家[3]。

但這些人究竟是生了什麼病？依照「描述性流行病學」理論，我們必須從什麼人（Who）、在何時（When）、在何地（Where）、罹患什麼疾病或發生何種健康問題（What）進行分析：

人：變虎者或變婆不分男女

時：中國歷代均有文獻記載

地：流行於中國西南地區的廣西、貴州及雲南

症狀：發熱、頭痛、頭暈目眩、不能言語、呻吟吼叫、身體腫脹、臉部變形、肢體變形、指甲彎曲、身體長毛

我們先從「地區」開始分析。中國古代將長江以南的領南地區稱為「瘴癘之鄉」或「蠻瘴之鄉」，意思就是致病原很多、人很容易生病地方。唐代魏徵《隋書》記載：「自

嶺已南二十餘郡，大率土地下濕，皆多瘴厲，人尤夭折。」西元七五八年（乾元元年），李白被流放至夜郎（今貴州關嶺縣一帶），好友杜甫因而寫下〈夢李白〉：「死別已吞聲，生別常惻惻。江南瘴癘地，逐客無消息。」清代顧祖禹《讀史方輿紀要．雲南方輿紀要序》稱：「雲南古蠻瘴之鄉，去中原最遠。」

「瘴」是南方盛行疾病的泛稱，南宋周去非《嶺外代答．瘴挑草子附》記載：「南方凡病，皆謂之瘴，其實似中州傷寒。蓋天氣鬱蒸，陽多宣洩，冬不閉藏，草木水泉，皆稟惡氣。人生其間，日受其毒，元氣不固，發為瘴疾。輕者寒熱往來，正類瘧，謂之冷瘴；重者純熱無寒；更重者蘊熱沉沉，無晝無夜，如臥灰火，謂之熱瘴。最重者，一病則失音，莫知所以然，謂之瘂瘴。冷瘴未必死，熱瘴久必死，瘂瘴治得其道，間亦可生。冷瘴以瘧治，熱瘴以傷寒治，瘂瘴以失音傷寒治，雖未可收十全之功，往往愈者過半。」

根據考究，以瘴為名的疾病高達數十種之多，約可分為五類：植物（青草瘴）、動物（蛤蟆瘴）、天氣現象（煙瘴）和地理實體（山瘴）、疾病症狀（冷瘴、熱瘴、瘂瘴）、特殊氣味（桂花瘴、江米瘴）[4]。但這些瘴病無法一一對應到目前我們已知的疾病，原因在於同一種病在不同地區有不同名稱，而古代文獻記載對於疾病的描述又過於模糊，此外有些古老疾病可能已經絕跡而不可考。所以讓人變虎或變婆的古代瘴病究竟是什麼病？依其症狀判斷，有以下幾種可能：

一、瘧疾

中國古代有「鬼神致病論」，古人認為「瘧疾（泛指各種惡病、不治之症）」是因為「疫鬼」中的「瘧鬼」作祟、入侵人身所致[5]，而瘧鬼也被稱為「虎鬼」。東漢衛宏《漢官舊儀．續翰林志．守約篇》記載：「顓頊氏有三子，生而亡去為疫鬼：一居江水，是為虎。」東漢王充《論衡．訂鬼篇》則謂：「一居江水，是為虐鬼。」這裡的虎（鬼）或虐鬼，即為瘧鬼。

現代所稱的瘧疾是一種由瘧原蟲所引起的傳染病（透過病媒蚊叮咬人），可分為間日瘧、三日瘧、惡性瘧（又稱熱帶瘧）、卵形瘧；其中以間日瘧及惡性瘧最為常見。主要症狀為發燒、畏寒及顫抖接著冒冷汗；其他症狀如頭痛、肌肉痛、關節痛、噁心、嘔吐和疲倦。如果沒有及時治療，數天後會出現間歇性或週期性的畏寒及顫抖、發燒及出汗等症狀，嚴重者可能導致脾腫大、黃疸、休克、肝腎衰竭、肺水腫、急性腦病變及昏迷[6]。

虎變者有頭痛、發熱、頭暈目眩等症狀，正是瘧疾患者的典型症狀。當患者陷入昏迷時，家屬可能誤以為患者已死亡，故匆匆入殮、下葬。惟患者清醒後，發現自己竟然「被死亡」，基於恐懼或氣憤，自然會想辦法破棺而出。這就可以解釋為什麼變婆的身體會像生前一樣柔軟、沒有屍僵現象，因為他／她根本還沒死！此外，變婆「生前」很可能是與兒子同住，卻被兒子貿然下葬，故於「出土」後不敢回家，怕嚇到家人或又被埋回去，只好去向女兒求助，這或許可以解釋為什麼變婆「死而復生」後特別會去女兒、女婿家。

二、狂犬病

哺乳類動物中，靈長目、食肉目、翼手目等都可能感染狂犬病，如人、貓、狗、雪貂、鼬獾、貉、浣熊、臭鼬、狐狸、狼、熊、蝙蝠還有馬[7]。狂犬病是由狂犬病病毒引起的一種急性病毒性腦脊髓炎，發病後致死率達百分之百。患有狂犬病的動物其唾液中含有病毒，唾液中的病毒經由抓、咬人體所造成的傷口進入人體（少數經由皮膚剛受傷的傷口、黏膜）。狂犬病初期症狀為發熱、發冷、喉嚨痛、不適、厭食、噁心、嘔吐、呼吸困難、咳嗽、虛弱、焦慮、頭痛等，持續數天後，將出現興奮及恐懼的現象。然後出現麻痺、吞嚥困難、咽喉部肌肉痙攣，以及恐水（故又稱恐水症），後續則有精神錯亂、抽搐等現象[8]。

當有喉嚨痛及咽喉部肌肉痙攣時，將難以言語，若病患嘗試發聲，聽起來可能就會像是呻吟吼叫，也就是虎吼。喉嚨痛、噁心、厭食及吞嚥困難可能導致病患無法食用家屬準備的熱食，而只吃生冷食物，可能因此被認為只吃「生食」。而興奮、恐懼、精神錯亂及抽搐等症狀，就像是發狂，病患也可能會咬人造成家屬受傷，因而被認為「食人」、「飲血」。

三、庫欣氏症

庫欣氏症候群，是一種內分泌或賀爾蒙障礙。大部分患者皆有滿月臉（臉圓如月）、軀幹性肥胖（身體肥胖但四肢不胖）、肌肉無力（特別是大腿）、背痛、高血壓、血糖增加、皮下容易瘀青、以及腹部暗紫色條紋等。女性患者有月經不規則現象，約百分之八十有毛髮過度增生現象，常見於臉部、頭部、腹部或大腿內側[9]。其中皮膚青紫、出現暗紫色條紋以及體毛增加等症狀，可能會被古人誤認為「變虎」。

四、漢生病（痲瘋病）

古書上以「癘／癩」、「大風」、「惡風」或「痲風」為名的疾病，多為漢生病。漢生病是由痲瘋桿菌所引起的慢性疾病，目前僅知係長期密切接觸經由上呼吸道及破損皮膚傳染而來，但真正的傳染方式至今不明。痲瘋桿菌主要侵犯人體的皮膚、粘膜以及周圍神經，造成感染部位麻木、喪失肌肉控制力與殘障。早期症狀為發燒、皮膚出現紅色或白色斑塊、丘疹或小結節，患處感覺喪失；晚期症狀為失明、耳聾、爪形手、鼻樑塌陷、鬚眉掉落、獅面、肥耳、四肢潰爛、手足末端缺損等[10]。

前人描述漢生病病患的外型為「鷹爪、垂足、獅子臉」，請讀者們發揮一下想像力，當一個人突然手指蜷曲如獸爪而無法拿東西、腳掌無力必須拖著腳走路、臉部腫大變形且眉毛掉落、皮膚出現紅色或白色斑塊，是否很容易讓人聯想到身上長了斑紋並以四足行走的老虎？

五、精神疾病

前述「鬼神致病論」也包含「精怪附體」的狀況，北宋徐鉉《稽神錄．補遺．張某妻》記載：「晉州神山縣民張某妻，忽夢一人，衣黃褐衣，腰腹甚細，逼而淫之，兩接而去。已而妊娠，遂好食生肉，常恨不飽，恒舐唇咬齒而怒，性益狠戾。居半歲，生二狼子，既生即走，其父急擊死之。妻遂病恍惚，歲餘乃復。鄉人謂之狼母。」有見解認為，張妻可能是精神病患者，遭人強制性交懷孕生子後，丈夫遂殺死孽種，再穿鑿附會，汙名化妻子；另有見解認為，張妻可能產下畸形兒，家人無法接受，於是丈夫動手殺嬰、編造故事[11]。

張妻好食生肉、狂怒乖戾的症狀，與虎變者頗為類似。因此我們可以合理懷疑那些被指控為變虎或變婆者，可能是罹患精神疾病導致行為乖張，故遭家屬汙名化，以利棄養。

六、中毒

不過虎變者或變婆行為異常、外觀變化且無法言語的原因，也可能不是生病，而是中毒。南宋周去非《嶺外代答．瘴地》記載：「瘴重之州，率水土毒爾，非天時也。昭州有恭城，江水並城而出，其色黯慘，江石皆黑。橫、邕、欽、貴皆無石井，唯欽江水有一泉，乃土泉非石泉也。而地產毒藥，其類不一，安得無水毒乎？」中國西南、西北、東南地區自古以來即為礦產地，貴州、四川、雲南、陝西、青海、甘肅、廣東、廣西、湖南等地皆有汞礦及鉛鋅礦，而貴州及廣西亦有鋁土礦。

至於中毒的途徑，可能是長期使用受有毒礦物質汙染的水源，或食用受汙染的魚類，也可能是用藥不慎或服藥過量導致藥物中毒。古代用來煉丹、入藥或作為顏料、化妝品使用的「硃砂」，即為硫化汞。《神農本草經》記載：「丹沙，味甘微寒，治身體五臟百病。養精神、安魂魄、益氣、明目，殺精魅邪惡鬼。久服通神明不老。能化為汞。生山谷。」

然而若是不慎加熱硃砂，將裂解出汞離子，食用後會累積於人體內，將造成汞中毒；若硃砂與「白礬」（硫酸鋁鉀）同用，汞鋁結合將生成鋁汞合金（鋁汞齊），也會導致中毒[12]。另常與硃砂同用者為「磁石」，主治心神不寧，驚悸，癲癇。磁石為四氧化三鐵，但也含有鋁成分[13]。

「鉛丹」（四氧化三鉛）也是一味中藥，《神農本草經》記載：「鉛丹，味辛微寒。主治咳逆胃反，驚癇癲疾，除熱下氣。煉化還成九光。久服通神明。生平澤。」鉛丹亦被用來治療瘧疾，並與硃砂同用。

①汞中毒症狀

汞中毒會造成注意力渙散、失眠、易激動、幻想和躁症、運動失調、言語及步行障礙等[14]。還有皮膚變黑、膚質變硬。

②鉛中毒症狀

鉛中毒會造成肌肉麻痺，而有腕垂症、垂足症。還會有頭痛、噁心、嘔吐、高熱、煩躁、嗜睡、抽搐、譫妄、智能障礙、行為異常、昏迷等[15]。

③鉛中毒症狀

鉛中毒會造成語言退化、行動遲緩、記憶力減退、注意力喪失、口吃、癲癇、精神異常[16]。

綜上所述，我們可以得出一個合理的推論，變虎或變婆者也可能是因為長期使用被有毒礦物質汙染的水源或食用被汙染的魚類，導致慢性中毒；或者因為身體病痛求醫或誤信偏方，因用藥不慎或服藥過量而吃下有毒礦物質，導致急性或慢性中毒。

註釋

1 荷蘭漢學家高延（Jan Jakob Maria de Groot, 1854-1921）認為，中國的作者如同歐洲的作者一樣，早已證明「狼變症」（lycanthropy）往往與致命的疾病、譫妄症和瘋癲有關。在漫長的歷史中，精神失常者通常會表現出嗜血性、對人肉的切割，以及無數的謀殺和殘暴行為。高延指出，「虎人」作為一種想像對象，牠的出現與人們因飽受疾病與暴力的折磨，轉而想像自己是被最兇狠的怪獸附體有關。參見陳懷宇，〈亞洲虎人傳說之文化史比較研究〉，《成大歷史學報》，第五十八號，二〇二〇年六月，頁二十六。

2 《大戴禮記・本命》：「女有五不取（娶）：逆家子不取，亂家子不取，世有刑人不取，世有惡疾不取，喪婦長子不取。」

3 相同論述請參見龍聖、李向振，〈病患：變婆故事的社會隱喻〉，《民族文學研究》第三十七卷第三期，二〇一九年，頁九－十、十二－十三。

4 詳見牟重行、王彩萍，〈中國歷史上的「瘴氣」考釋〉，《師大地理研究報告》第三十八期，二〇〇三年五月，頁十五。

5 范家偉，〈漢唐時期瘧病與瘧鬼〉，中央研究院歷史語言研究所「疾病的歷史」研討會，二〇〇〇年六月十六日，頁四。

6 衛生福利部疾病管制署，傳染病與防疫專題，瘧疾，https://www.cdc.gov.tw/Category/Page/

Iqx3j9OdRDcMYoPT1bqDig

7 狂犬病，維基百科，https://zh.wikipedia.org/zh-tw/%E7%8B%82%E7%8A%AC%E7%97%85

8 衛生福利部疾病管制署，傳染病與防疫專題，狂犬病，https://www.cdc.gov.tw/Category/Page/iHUOIaLSAbQowJjnNGH2uQ

9 衛生福利部南投醫院，內科部衛教資訊，庫欣氏症候群，二〇二〇年三月二十日，https://www.nant.mohw.gov.tw/?aid=509&pid=57&page_name=detail&iid=350

10 衛生福利部疾病管制署，傳染病與防疫專題，漢生病，https://www.cdc.gov.tw/Category/Page/4zqQsa-pZ4HK8Qw6b3Yqaw

11 楊宇勛，〈降妖與幽禁——宋人對精神病患的處置〉，《臺灣師大歷史學報》，第三十一期，二〇〇三年六月，頁五十二。

12 招名威教授　毒理威廉，二〇二一年一月十三日，https://www.facebook.com/permalink.php?id=1648387955210132&story_fbid=3522665297782379&paipv=0&eav=AfbfMsk5oyAvCsGpv9njwFrs8qi4OOnrQP2Z4k8_QWajfpxkMSqHi7a6UnE0hbxLJog&_rdr

13 磁石，常用中藥，醫砭，https://yibian.hopto.org/db/?yno=412

14 汞中毒，衛教資訊，中國醫藥大學附設醫院，https://www.cmuh.cmu.edu.tw/HealthEdus/Detail?no=5751

15 鉛中毒，衛教資訊，中國醫藥大學附設醫院，https://www.cmuh.cmu.edu.tw/HealthEdus/Detail?no=6366

16 台灣常見五種重金屬中毒！長期便秘、拉肚子、反應遲鈍建議檢查血液，行政院環境保護署毒物及化學物質局汞水　公約資訊網站，https://topic.epa.gov.tw/hg/cp-102-8983-e89da-3.html

虎變的命運

在過去民智未開、醫學不發達的年代，人們相信生病是因為鬼神作祟、精怪附體或是因果業報，然而變虎的公牛氏、封邵、師道宣、李氏、苗頭人的祖母與叔、廣西村婦，可能是因為生病或中毒；變婆則是因為年老、生病或中毒。家屬基於對疾病與未知的恐懼、對病人或老人的厭惡、對家族名譽與利益的維護等考量，遂指控他們「變虎」、「變婆」。既然他們已經不是人，自然不需要以人道的方式對待，而得以驅之、棄之。

虎變者或變婆，無論是被逐出家門，還是主動離去，抑或是被活埋，他們的心裡依然掛念著家人，所以會在夜裡偷偷回家；或者因為他們缺乏野外覓食能力，為了生存，必須回家享用家人以「祀虎」為名放在門外的食物。也許他們在回家的路上，不小心成為猛獸進入村莊的引路人，又造成「引虎至民舍」的誤會。

年老、生病或中毒的虎變者或變婆，進入山林後還能好好地活著嗎？關於他們離家之後的生活，文獻中付之闕如，我只讀到《抱朴子》中得了癩病被遺棄的趙瞿有Happy Ending。

話說趙瞿自從被家人丟到洞穴後，天天以淚洗面。某天有一位仙人路過洞口，聽到他哭得很傷心，便走去問他：「你怎麼啦？」趙瞿立刻磕頭乞求：「仙人救我！」於是仙人給他一囊藥，並教他如何服用。趙瞿乖乖吃藥吃了一百多天後，竟然神奇地回復健康，而且他不僅氣色紅潤，連皮膚也變得很有光澤。仙人再次到洞穴裡看他，趙瞿立刻感謝仙人的再生之德，更斗膽向仙人請教藥方。仙人告訴他：「這是松脂，這座山裡有很多，你只要長年服用，就能長生不死。」趙瞿離開洞穴回家，家人嚇到還以為看到鬼。

此後趙瞿持續服用松脂，不僅身體變得輕盈、氣力百倍，登山冒險一整天也沒有極限，活到一百七十歲依然牙齒鞏固，連一根白頭髮也沒有。他就這樣一直活到三百歲，最後化為神仙。人們聽說趙瞿服用松脂，紛紛搶購、囤貨。但有人連續服用一個月之後，感覺好像沒什麼用，就不吃了[1]。嗯，看來古代賣藥的詐騙集團話術也是相當高明啊！

註釋

1 東晉葛洪《抱朴子‧內篇‧仙藥》：「瞿在穴中，自怨不幸，晝夜悲嘆，涕泣經月。有仙人行經過穴，見而哀之，具問訊之。瞿知其異人，乃叩頭自陳乞哀，於是仙人以一囊藥賜之，教其服法。瞿服之百許日，瘡都愈，顏色豐悅，肌膚玉澤。仙人又過視之，瞿謝受更生活之恩，乞丐其方。仙人告之曰，此是松脂耳，此山中更多此物，汝煉之服，可以長生不死。瞿乃歸家，家人初謂之鬼也，甚驚愕。瞿遂長服松脂，身體轉輕，氣力百倍，登危越險，終日不極，年百七十歲，齒不墮，髮不白。夜臥，忽見屋間有光大如鏡者，以問左右，皆云不見，久而漸大，一室盡明如晝日。又夜見面上有採女二人，長二三寸，面體皆具，但為小耳，游戲其口鼻之間，如是且一年，此女漸長大，出在其側。又常聞琴瑟之音，欣然獨笑，在人間三百許年，色如小童，乃入抱犢山去，必地仙也。於時聞瞿服松脂如此，於是競服。其多役力者，乃車運驢負，積之盈室，服之遠者，不過一月，未覺大有益輒止，有志者難得如是也。」

每個人心中都有一隻老虎

世人皆為馴獸師，獸即為每個人的性情。對我而言，這股自大的羞愧感是頭猛獸，是一隻老虎。（人間は誰でも猛獣使であり、その猛獣に当るのが、各人の性情だという。己の場合、この尊大な羞恥心が猛獣だった。虎だったのだ。）

這句話出自有「小芥川龍之介」之稱的日本著名小說家中島敦（一九〇九－一九四二）的小說《山月記》[1]。故事以中國唐代李景亮的《人虎傳》[2]為藍本改編，講述隴西出身的李徵，博學多才，他年紀輕輕於天寶年間即高中進士任官，但性情孤傲、自視甚高，不甘心擔任低階官吏[3]，故辭官歸鄉，醉心作詩，期待成為百世流芳的詩人。詎料詩業未成、生活困頓，俊美容貌也日漸憔悴。李徵迫於生計只好再次出任地方官，眼看昔日同期如今皆已晉升高位，自己必須聽命於這些根本沒放在眼裡的人，讓他很是苦悶。憤憤不平的他，變得越來越難控制自己的情緒。某次出差途中，李徵在汝水邊發狂疾奔，從此不知去向。

一年後，監察御使袁傪出使嶺南，途中遇到一隻老虎。老虎眼看就要撲上袁傪，卻又突然退卻，躲回草叢說了句「好險、好險。」袁傪聽到熟悉的聲音，認出是昔日好友李徵。於是袁傪和李徵聊了起來，聽他講述自己變虎的經過，以及每天會在某些時刻清醒、回復人性，但清醒的時間變得越來越短了。李徵拜託袁傪記下他的詩作約三十篇，以傳後世。袁傪默默覺得李徵的詩很不錯，但是距離上乘之作，好像還缺了一點什麼。

李徵吐露內心的痛苦與悲傷，懊悔自己白白浪費才能，他自省變虎原因，是由於性格既自卑又自大。他拜託袁傪照顧他的妻小後痛哭，接著又變回老虎，在月光下咆哮後離去。從此以後，袁傪再也沒見過牠。

虎變究竟是命運的捉弄，還是心魔的作祟？「世人皆為馴獸師，獸即為每個人的性情。對我而言，這股自大的羞愧感是頭猛獸，是一隻老虎。」李徵藉由思考自己為什麼會變成老虎，進行一番自我探索及剖析，而這樣的心理描寫正是〈山月記〉的精華所在，相當發人省思。

「自我追尋」是中島敦文學中常見的主題，其筆下人物亦多是自我寫照。

中島敦出身東京的漢學世家，自小飽讀詩書，深受漢學影響。他的作品多以中國古典文學或歷史為藍本，如〈山月記〉、〈悟淨嘆異〉、〈悟淨出世〉、〈盈虛〉、〈牛人〉、〈弟子〉、〈名人傳〉、〈李陵〉等，展現深厚的中國歷史及文學底蘊。一九三三年三月畢業於東京帝國大學文學部國文學科，畢業論文題目為《耽美派研究》，隨後進入東京帝國大學大學院研究科學習，研究主題為《森鷗外研究》。一九三四年三月從大學院退學，任私立橫濱女子高等學校國文、英語教師。

中島敦有氣喘病，長年為疾病所苦。一九四一年六月，他赴帛琉群島擔任南洋廳國語教科書編輯書記，負責編纂國語教科書，沒想到南洋濕熱多變的天氣讓他的氣喘變得更嚴重。最後他決定辭職，於一九四二年三月回到東京，以寫作為生。無奈造化弄人，入秋之後，他的病情逐漸惡化，最終撒手人寰，享年三十三歲。他留下的作品不多，卻廣受讀者喜愛，影響深遠，尤其〈山月記〉自戰後常年入選日本高中教科書，成為經典文學。

註釋

1 有關〈山月記〉的故事內容及中島敦的生平，整理自中島敦著，楊曉鐘譯，《山月記》，三聯，二〇二二年七月，頁十三—二十六；中島敦著，徐建雄譯，《山月記》，三秦，二〇一八年十二月，頁四—十二、三一七—三二八；洪瑟君，〈中島敦「中國系列作品」中的西洋哲學思想受容〉，《臺大東亞文化研究》第五期，二〇一八年四月，頁一三九—一四一。

2 收錄於王洙《東洋夜怪錄》，收錄於《唐代叢書》第二十冊，一八六四年緯文堂刊本，頁三十六。轉引自洪瑟君，〈中島敦「中國系列作品」中的西洋哲學思想受容〉，《臺大東亞文化研究》第五期，二〇一八年四月，頁一四〇，註六。

3 李徵當時為「江南尉」，屬於庶務官，主要掌管司法捕盜、審理案件、判決文書、徵收賦稅等雜事。參見中島敦著，楊曉鐘譯，《山月記》，三聯，二〇二二年七月，頁十四。

Part 5

關於「虎姑婆故事」的七道快問快答

一、主角是誰？

《虎姑婆》的主角最常見的是「姊弟」版本，這個版本中多稱姊姊和弟弟，沒有名字。「姊妹」版本則有名字，普遍的說法是姊姊叫阿金、妹妹叫阿玉。但臺中新社的版本，姊姊叫春嬌、妹妹叫小玲[1]；福建版本的姊姊叫金兒、妹妹叫銀兒[2]。日本則是三姊妹，名為松子、竹子及梅子[3]。

此外，也有兩兄弟的版本，流傳於臺灣日治時期[4]，臺北、桃園、臺南、原住民、四川、山東及陝西[5]，還有新加坡[6]等地。日本則是三兄弟，名為太郎、次郎及三郎[7]，另外臺南[8]也有三兄弟版本。

註釋

1 胡萬川、黃晴文總編輯，《新社鄉閩南語故事集（一）》，臺中縣立文化中心，一九九六年，頁一一六—一三六。轉引自簡齊儒，〈臺灣虎姑婆故事之深層結構——以自然與文化二元對立觀之〉，《成大中文學報》第四十三期，二〇一三年十二月，頁二六〇，註四十三。

2 吳安清，《虎姑婆故事研究》，東吳大學中國文學系碩士論文，二〇〇四年，頁一三七。

3 土橋里木編，《甲州昔話集，全国昔話資料集成16》山梨，岩崎美術社，一九七五年九月，https://design-archive.pref.yamanashi.jp/oldtale/12204.html

4 片岡巖著，陳金田、馮作民譯，《臺灣風俗誌》，大立，一九八六年版，頁四一四—四一五。

5 參見吳安清，《虎姑婆故事研究》，東吳大學中國文學系碩士論文，二〇〇四年，頁一三一—一四二。

6 Samuel W.J. Tan (2015). The Story of the Tiger Grandaunt - A folktale field project. p.5. https://www.researchgate.net/publication/315705503_The_Story_of_the_Tiger_Grandaunt_-_A_folktale_field_project

7 天道さんの金の鎖（廣島縣），「民話の部屋」，https://minwanoheya.jp/area/hiroshima_014/

8 吳安清，《虎姑婆故事研究》，東吳大學中國文學系碩士論文，二〇〇四年，頁一三三。

二、「咔滋、咔滋」的是什麼？

民間故事是一種集體創作，特色是具有口傳性及短暫性，而且常常會因應新的文化背景而有所修改[1]，因此相同的故事流傳在不同的國度、地區及年代時，往往會融入當地的風俗習慣、服裝髮型、美食、氣候、景觀等等，而展現出不同的樣貌。

在筆者小時候聽到的故事中，虎姑婆向姊姊謊稱自己在吃花生，實則為弟弟的小拇指。由於臺灣盛產花生，因此在臺灣流傳的多數版本中，虎姑婆都是吃花生，但也有少數幾個版本是吃別的食物，如黑豆（苗栗、臺中、澎湖）、番豆（雲林）、豆子（桃園）、大豆（澎湖）、雞腿（臺中）、薑（宜蘭、臺中、嘉義、臺南）、薑糖（澎湖）、菜脯（高雄）[2]。另外在原住民的版本中，妖怪則是吃甘蔗（卑南族）[3]。比較特別的是日治時期《臺灣昔噺》收錄的版本，虎姑婆說自己吃的是羌仔的腳[4]。

中國版的食物則非常多元，除花生之外，還有糕乾、香餅、紅白蘿蔔、蘿蔔乾、菜乾、硬公餅、炒豆、黃豆、蠶豆、糖果、麻花、棗子、鴨梨、麻麥、羊骨等[5]。食物種類的差異，反映出不同地區的特產、常民飲食偏好，或是當地人對於吃起來「脆脆的食物」的直覺聯想。

比較有趣的是各版本形容虎姑婆吃東西的聲音，除了「咔滋、咔滋」或「摳摳摳（kháunnh-kháunnh-kháunnh）」之外，新加坡版本是「Kik Kok! Kik Kok!」[6]，而日治時期的版本則有吃花生或羌仔腳的「ぽりぽり（poli-poli）」、吃薑的「もぐもぐ（mogu-mogu）」以及吃花生的「ポキポキ（poki-poki）」[7]。

日本民間故事《天道さん金の鎖》中，山姥則是吃「漬物」，如醃白蘿蔔[8]。醃漬蔬菜是日本家庭的常備料理，它的保存期長、口感爽脆，咀嚼時會發出聲響，因此山姥說她在吃漬物，是合乎人之常理的謊言。

註釋

1 參見凱瑟琳‧奧蘭斯妲著，楊淑智譯，《百變小紅帽：一則童話的性，道德和演變》，張老師，二〇〇三年八月，頁三十五。

2 參見吳安清，《虎姑婆故事研究》，東吳大學中國文學系碩士論文，二〇〇四年，頁一三一—一三四。白易弘，《臺灣民間故事類型歸屬研究》，中國文化大學中國文學系碩士論文，二〇一二年，頁七十八—九十。

3 白易弘，《臺灣民間故事類型歸屬研究》，中國文化大學中國文學系碩士論文，二〇一二年，頁七十八。

4 桑迫里美，《日治時期出版的日文台灣民間故事書研究（一九一〇年—一九四五年）》，國立中山大學中國文學系碩士論文，二〇一二年，頁七十一。

5 吳安清，《虎姑婆故事研究》，東吳大學中國文學系碩士論文，二〇〇四年，頁一三六—一四五。

6 Samuel W.J. Tan (2015). The Story of the Tiger Grandaunt - A folktale field project. P6. https://www.researchgate.net/publication/315705503_The_Story_of_the_Tiger_Grandaunt_-_A_folktale_field_project

7 桑迫里美，《日治時期出版的日文台灣民間故事書研究（一九一〇年—一九四五年）》，國立中山大學中國文學系碩士論文，二〇一二年，頁七十一。

8 同前註，頁七十七。

三、姊姊爬上去的是什麼樹？

各版本的《虎姑婆》故事中，多有一個共同的情節，即年長的孩子爬到樹上躲避不會爬樹的虎姑婆，但故事只說是樹，通常沒有交代這棵樹究竟是什麼樹？不過在日治時期的版本中，《華麗島民話集》明載為榕樹，而《文藝台灣》及《民俗臺灣》則為茄苳樹。至於為什麼會特定樹種名稱，可能是為了方便讀者想像臺灣的南國風情。榕樹及茄苳樹是臺灣很常見的樹種，民間信仰認為老榕樹或老茄苳樹為神靈，尊稱為榕樹王、茄冬王，多會祭祀香火或建廟。但這兩種樹在日本卻很稀少，於小笠原諸島、琉球、鹿兒島縣的小島以北都沒有[1]。另外在排灣族的版本中，哥哥則是爬到樟樹上，而樟樹也是臺灣很常見的樹種。

在日本民間故事《天道さん金の鎖》中，各地區版本中的樹種也不盡相同，一般多為榊木[2]，但在鹿兒島縣是松樹，在大分縣、長崎縣、熊本縣、佐賀縣、福岡縣是柿子樹，另外也有櫻花樹或公孫樹[3]。因此特定樹種名稱的另一種可能性是，日本人的故事設定比較細膩，習慣連樹種也交代清楚，以充分達到教育目的。

然而樹在故事裡難道只有地域限定及教育意義嗎？當然沒那麼簡單。大家還記得日、韓的故事版本嗎？孩子們爬上樹後，竟然升天變成星星、月亮及太陽？難道這棵樹有魔法還是有什麼通天本領嗎？對，它的象徵意義還真是來頭不小，《虎姑婆》中的樹為「世界樹」，聯繫天、地、人，扮演天梯的角色。

其實在遠古神話中，神並非一直都是高高在上的，神與人曾經有過一段共存時期，而且神給人留下了一條通路。然而自黃帝之後，開始有「絕地天通」的傳說，人神從此分隔。為因應人們對天庭與仙界的嚮往，神話傳說中的「巨樹」成為人們從地上通往天庭的階梯[4]。

在道教的創世傳說中，就相傳在世界的正中央，有一棵連結天地之間的大樹，是仙人上天下地的橋樑。《山海經》稱為「建木」，《齊民要術》稱為「桃都樹」，《海外十洲記》稱為「扶桑樹」，傳說人們只要吃了建木上的芝草，或是扶桑樹的果實，就能升天飛仙。因此在古代巫術儀式中，巫師經常象徵性地在此進行「登天」儀式，表示在此可連結天上的神靈，並承接神靈的意旨[5]。

註釋

1 桑迫里美，《日治時期出版的日文台灣民間故事書研究（一九一〇年—一九四五年）》，國立中山大學中國文學系碩士論文，二〇一二年，頁七十二—七十三。

2 簡齊儒，〈臺灣虎姑婆故事之深層結構——以自然與文化二元對立觀之〉，《成大中文學報》第四十三期，二〇一三年十二月，頁二八九。

3 桑迫里美，《日治時期出版的日文台灣民間故事書研究（一九一〇年—一九四五年）》，國立中山大學中國文學系碩士論文，二〇一二年，頁七十七。

4 吳玥，〈《莊子》與《山海經》中的「巨木」意象：試析莊子對遠古神話思維的承繼與再造〉，《香港教育大學中國語文教育學術研究論文》，二〇一七年五月，頁六。

5 李忠達，《道教的多重宇宙》，秀威，二〇二四年五月，頁三十二、三十四、三十六。

四、虎姑婆代表什麼？

前面我們已經從歷史、文化、宗教及民俗等多種面向談了許多，接下來我想換個角度，從「榮格心理學的故事分析[1]」來聊聊虎姑婆代表什麼？首先我們必須先了解角色及其行為背後代表的意涵。

在動物主題的故事中，動物通常象徵人類的原始本能，動物性以人類本能心靈的方式活在人的心中，但它必須被承認而且融合到生活中，否則會非常危險，若未能妥適調和，人可能變得殘暴。人們也常將隱藏在深層的存在投射為女性而非男性。所有的母親（或所有的人類）的內在都有想殺死孩子（或殺死其他人）的傾向，因此刑法中有生母殺嬰罪[2]的特別規定。

母性具有正、負兩種面向，前者表現於「生產、養育及保護」，後者表現於「吞噬或殺害」。正面的母性形象就如同慈愛世人的觀世音菩薩，而負面的母性形象在故事中通常會聯結到繼母、巫婆或是動物女性長輩等邪惡角色，例如《白雪公主》中的繼母、《糖果屋》裡的巫婆、《小紅帽》中假冒外婆的大野狼，或是虎姑婆、山姥。這些會把人類當成食物吃下去的女性妖物，其對立面就是會賜予人類食物的豐收女神。印度教三位一體的女神迦梨（Kali），主宰創造、保護和毀滅，以及死亡、時間與四時變化，具有大無畏精神且好鬥嗜血。祂是古人用來象徵陰性本質的神話人物。祂也被稱為「黑暗母親」，是「生與死母親」原型的基本意象，祂既是子宮也是墳墓，既賜生命於子女，但也會奪走他們的生命[3]。

虎姑婆是母親原型黑暗面的投影，也是女神的另一個變形。《虎姑婆》同時描寫陰性心靈對立的兩面，也剛好契合臺灣人的陰性心靈傾向（相較於男神，更親近女神），而這或許就是臺灣人特別喜歡這個故事，並允許它在集體心靈中扎根的原因之一[4]。

註釋

1 參見河合隼雄著，廣梅芳、林詠純譯，《日本人的傳說與心靈》，心靈工坊，二〇一九年五月，二版，頁六十一－六十三、八十八－八十九、一一八－一一九、一四一－一四二、一四四、一五一、一七六。河合隼雄著，林詠純譯，《民間故事啟示錄：解讀現代人的心理課題》，心靈工坊，二〇一八年十二月，頁二十七、三十七、四十二、五十、一七六。

2 中華民國刑法第二七四條：「（第一項）母因不得已之事由，於生產時或甫生產後，殺其子女者，處六月以上五年以下有期徒刑。（第二項）前項之未遂犯罰之。」

3 茉琳・莫德克，《女英雄的旅程》，心靈工坊，二〇二二年十二月，頁六十六。

4 參見鐘穎，《臺灣傳說的心靈探索：虎姑婆與在地故事集》，楓樹林，二〇二四年一月，頁十三、六十二－六十三。

五、為什麼虎姑婆要吃人？

飲食是一種「變形」的過程，吃下去的食物會轉化為血肉、變成身體的一部分。從女孩變成女人這種「母性的變形」，和身體脫離不了關係，無論是飲食、懷孕或生產。

故事中「女性心理變形的象徵」也和身體有關，也就是虎姑婆吃人的橋段。當孩子要脫離與父母親之間的一體性，想要建立自我（Ego）的時候，首先要意識到對方的否定面，這也就是為什麼青春期的少女會批判或忤逆父母。少女需要經過一連串內外在的衝突，才能「轉大人」。

前文提過，虎姑婆與變婆的由來是「會吃人的鬼」，虎姑婆在故事中則象徵掌握生殺大權的大地母親，並以「噬子」的負面母性形象出現。食人橋段不僅幫姊姊接下來謀殺虎姑婆的行為提供合理的動機與正當性，也預示了姊姊的身心靈即將出現轉化與變形，詳見後述。

六、為什麼虎姑婆要死在姊姊手中？

在民間故事中，最後被殺的角色通常是反派，但作者的殺人動機與理由是什麼？絕對不只是為了賞善罰惡、大快人心，或者故事要有Happy Ending這麼簡單。看似俗套的「英雄旅程」故事，其中的象徵意涵值得探究。

在這個故事中的家，象徵自我或心靈的安全區域，虎姑婆闖進來、破壞了安定，代表內心的衝突。父母離家使姊姊獨自承擔照顧弟弟的責任，姊姊脫離了親子關係的庇護，必須獨自面對各種考驗、展開她的「女英雄歷程[1]」，這也使得姊姊萌生自我意識。弟弟違反爸媽的告誡，開門讓虎姑婆進來，是「個體意識」與「集體意識」規範的衝突，而弟弟的不聽話，也是自我意識萌芽的展現。

姊姊殺死代表邪惡母性的陰影人物[2]虎姑婆，這種「象徵性的弒親行為」是自我確立不可或缺的一環。它意味著「個體」與吞噬自我的內心「陰暗」面（即陰影）對抗，而姊姊憑智慧與勇氣成功殺死虎姑婆，意味著直視內心陰暗面、戰勝恐懼，將那些被壓抑的部分與自我妥善整合，使自我得以獨立，這是我們每一個人邁向成年的必經之路，象徵著個體成長和自我實現的旅程。我們要從父母的控制或期待中解脫，要找到自我、超越自我，也就是「轉大人」的儀式。

因此虎姑婆的死是一種殺牲獻祭，象徵姊姊的成年禮，心理及生理皆向上提升。藉由成年禮的洗禮，姊姊不僅獲得新的智慧、勇氣及力量，也從女孩變成了女人，然後就可以結婚了。在《民俗臺灣》收錄的版本中，虎姑婆被油燙傷後，被路過的賣貨郎用棍子打死，賣貨郎救了躲在樹上的姊姊，於是姊姊後來嫁給了賣貨郎[3]。

邪惡母性虎姑婆的死亡同時也象徵重生。由於母女是一體的，因此這個故事若是再繼續寫下去，絕對是姊姊和賣貨郎結婚不久後，姊姊就懷孕了，然後順利生下一個女兒，剛好她的生肖還屬虎（笑）。

重生的極致是成為永恆，勇敢對抗虎姑婆的孩子實現自我確立後，成為全新的自己，他們的生命獲得昇華，化作日月星辰、照耀世人，是完美的「個體化過程」（Individuation），並達成最終目標——「自性」（Self）[4]的實現。

日月是人類集體無意識中最古老的「原型」（Archetypes）之一，變成日月是與古老的集體無意識及宇宙意識連結，個體因此理解人類集體經驗而能與普羅大眾共感共情，對生命的意義也有更深刻的認識。

註釋

1 喬瑟夫・坎伯認為，真正的英雄以打破既有體制、建立新社會為他們的使命。要完成這項使命，英雄／女英雄必須殺掉「現狀」或舊體制這條惡龍、也就是過去的守護者。對女人來說，母親就是舊秩序的具體象徵，因此女英雄在個體化的過程中的第一項任務就是離開母親或者殺掉母親。參見茉琳・莫德克，《女英雄的旅程》，心靈工坊，二〇二二年十二月，頁五十七、六十三。

2 陰影人物代表我們在不自覺之中形成且不為意識接納的思想或行為模式，由於內心無法接納這個意象，便將之投射到別人身上。參見茉琳・莫德克，《女英雄的旅程》，心靈工坊，二〇二二年十二月，頁六十三。

3 桑迫里美，《日治時期出版的日文台灣民間故事書研究（一九一〇年－一九四五年）》，國立中山大學中國文學系碩士論文，二〇一二年，頁七十二。

4 榮格發現在全世界的宗教與神話中，普遍存在一些共有的模式與意象，榮格稱之為「原型」（Archetypes），其中具核心性與普遍性的原型即為「自性」。它是全部心靈（意識和無意識）秩序的整合中心，是內在體驗的神性。某些典型的象徵意象代表自性，例如圓形、圓滿、對立的融合、超個人能量灌入個體生命之點、能量的轉化等。參見愛德華・艾丁傑，《自我與原型：深度剖析個體化與心靈的宗教功能》，心靈工坊，二〇二三年八月，頁三十二、三十三。

長谷川等伯（1539-1610），《龍虎圖》（屏風）。

七、為什麼虎姑婆是被燙死的？

身為故事中的反派角色，虎姑婆的下場不意外就是唯一死刑，不過虎姑婆其實可以有一百種「死法」，牠除了死在姊姊手中，也有被眾人打死，或是自己摔死的版本。不過最常見的兩種死法是被滾燙的熱油燙死，或是被煮沸的熱水燙死（部分版本還會使用棍子、鐵鎚、刀、秤等工具輔助）。至於虎姑婆被燙死的原因，我推測有四種可能性：

①地獄中「下油鍋」的懲罰

十殿閻王中的第五殿為閻羅王執掌的「油鼎地獄」，專門執行盜賊、欺善、夥黨作惡、拐誘、誣告、共謀侵占或掠奪他人財產的人，投入油鍋內炸[1]；十八層地獄中的第九層為「油鍋地獄」，專門處罰欺善凌弱、拐騙婦女兒童者，剝光衣服後丟入油鍋中油炸。虎姑婆假扮親屬、欺騙兒童，自應以熱油伺候。

②除惡務盡法

參照前述變婆傳說，用滾燙的煤油倒入變婆的嘴裡，變婆才會出現屍僵，不能再繼續害人。因此以熱油消滅妖怪，可能是老祖宗流傳下來的SOP。

③成年禮的象徵

成年禮儀式之一的「浸禮」，是透過將身體進入盛湯的大鍋和裝滿水的播缽中，代表死與再生過程中的痛苦與喜悅。在成年禮中，經常用火和水代表試煉與洗滌[2]。

④教育目的

回顧成長過程，從小父母親就會告訴我們家裡有什麼東西是危險的、不能隨意靠近或觸摸，例如烹調用的鍋、鼎很燙，尤其油炸食物時油溫很高、還會有油花飛濺，燒開水時茶壺及滾水也很燙，若是亂摸、亂碰，可能會燙傷，甚至死亡。因此熱油及滾水是小孩在家裡每天都必須面對的危險，或許故事的設計者有意藉由故事情節來加深孩子們對熱油及滾水的危險意識。

有趣的是，各版本的故事中多未表明油的種類，不過日治時期《臺灣むかし話》、《臺灣昔噺》及《文藝台灣》收錄的版本卻敘明為土豆油（花生油）[3]。推測其原因，可能也是和特定樹種一樣，強調臺灣特色。

臺灣盛產花生，並以花生油烹調食物。清代黃叔璥《臺海使槎錄・赤嵌筆談》記載：「澹水以南，悉為潮州客莊；治埤蓄洩，灌溉耕耨，頗盡力作。田中藝稻之外，間種落花生，俗名土豆；冬月收實，充衢陳列。居人非口嚼檳榔，即啖落花生；童穉將炒熟者用紙包裹，鬻於街頭，名落花生包。」清代李元春輯《臺灣志略・物產》記載：「貨：糖為最，油次之。糖出於蔗；油出於落花生，其渣粕且厚值。商船賈販，以是二者為重利。」

註釋

1 片岡巖著，陳金田、馮作民譯，《臺灣風俗誌》，大立，一九八六年版，頁六五四。

2 河合隼雄著，廣梅芳、林詠純譯，《日本人的傳說與心靈》，心靈工坊，二〇一九年五月，二版，頁一四四。

3 桑迫里美，《日治時期出版的日文台灣民間故事書研究（一九一〇年—一九四五年）》，國立中山大學中國文學系碩士論文，二〇一二年，頁七十一—七十二。

故事說完之後……

童話故事是我們每一個人認識這個世界最早的方式，角色的個性、經歷與下場，故事的警示、訓誡，隱藏其中的普世價值以及人類集體潛意識，成為我們進入現實世界前的基礎知識。《虎姑婆》故事透過家庭傳承、代代相傳，因此教育意義濃厚，可謂歷代父母傳授孩子的「生存之道」。首先是告誡留在家中的孩子必須遵守和父母的約定、守護家園，「不能隨便幫陌生人開門」，否則將引發一連串的危機。其次是以弟弟的行為及其悲慘下場，藉以教育孩子必須懂得克制慾望、不能「貪吃」。再以姊姊的機智逃脫及消滅虎姑婆的過程，教育孩子在面對危險的時候該如何保護自己，必須小心大膽、冷靜應對。並以虎姑婆的死亡重複告訴孩子「貪吃」的悲慘下場。最後則是利用弟弟及虎姑婆的死亡（部分版本中還有媽媽），讓孩子明白任何生命終將一死，因此在活著的時候就要為死亡做好準備。

然而「虎姑婆」這個故事最為人詬病的地方正是死了太多人，對孩子來說似乎太暴力、太殘忍，導致現代的父母似乎越來越少將它作為床邊故事講給孩子聽。但無論是東方或西方，童話故事中始終都充滿各種暴力、殺戮或犯罪，這些負面元素的存在其實具有重要功能，一方面是教育意義，當父母親與孩子講述這些故事時，同時也要讓孩子瞭解善惡與對錯，養成孩子明辨是非的能力。

另一方面，童話故事有一種神奇的虛實替換力量，能幫助孩子探索自身的恐懼和慾望，並且提供一個安全的空間讓他們得以對抗心魔。孩子在聽故事的時候會有自己的判斷與感受，他們會在心中消化這些殘忍及恐怖體驗，將其內化成自己的一部分，並擁有抵抗力，也就不需要在現實生活中尋求殘忍或做出殘忍的舉動。因此榮格心理學分析師、作家河合隼雄說：

> 肯定民間故事中的殘忍，不代表肯定「殘忍」本身。[1]

同時他也提醒說故事的人，必須掌握說故事的方法，將民間故事中的殘忍當成真正有意義的內容說給孩子聽。

註釋

1 參見河合隼雄，林詠純譯，《民間故事啟示錄：解讀現代人的心理課題》，心靈工坊，二〇一八年十二月，頁一八二—一八七。

明・趙汝殷，《風林群虎圖》（卷）。
（國立故宮博物院，文物圖檔編號：K2A001576N000000000PAH）

後記

近年來，臺灣開始重視大眾史學（Public History）研究，範圍包含大眾的歷史（History of the publics）、寫給大眾的歷史（History for the publics）以及大眾參與的歷史（History by the publics）。本書嘗試以大眾史學的方式，以重要的文化遺產民間故事／童話《虎姑婆》為研究對象，考究神話傳說、民俗傳統與生活經驗，文字力求淺白同時搭配圖片，並透過擲筊、訪談、文獻整理等方式收集神明與大眾對於《虎姑婆》的理解、記憶或詮釋，期使研究成果能獲得廣大讀者的欣賞，藉此提升大眾對於神話傳說、民間故事／童話、民俗傳統、常民文化等關聯領域的認識、參與、興趣或重視。

歷史學家馬克・布洛克（Marc Bloch, 一八八六－一九四四）在《史家的技藝》中說，歷史資料的多樣性近乎無窮，因此歷史學者最困難的工作之一，是收集那些他認為必要的資料，但研究得越深，越能從不同資料中凝聚證據的光芒[1]。「好的歷史學家就像童話裡的巨人，他知道無論哪兒，只要他嗅到人肉的氣味，獵物就在那裡[2]。」

研究虎姑婆的過程就像搭乘一輛駛進隧道的列車，在一片黑暗中遲遲看不到盡頭。途中一度覺得很辛苦，彷彿天無時、地無利、人不合，因而浮現想放棄的念頭，卻又始終割捨不下。不過這一切就在我發現「虎婆」的存在後，瞬間變得豁然開朗。列車就像被施了魔法，從莒光號華麗變身為高鐵，在南國陽光溫暖的照耀下飛速前進並開出隧道，咻咻咻咻直奔終點站。

在接近完稿階段時，我重新回顧這一趟幅員遼闊的跨界研究之旅，發現自己不僅學習到許多過去不知道、未曾注意甚至是不感興趣的知識，也意外地將許多零碎散落的資訊與經驗串聯起來。這些精神食糧讓我感受到心靈的富足，希望正在閱讀本書的您也有相同感受。然而很遺憾的是，儘管筆者已盡洪荒之力蒐羅文獻、解讀分析，但本書肯定還有許多不足之處，還望讀者海涵。

布洛克又說：「研究歷史的困難更是特別，因為分析到最後，人類的意識就是歷史研究的題材：人類意識之間的交互關係、糾葛不清及傳播影響，對歷史研究而言，就是真實本身。[3]」因此本書花了一些篇幅來討論意識與象徵，只可惜筆者能力有限，僅能粗淺概述，無法提供更深入的剖析，還請讀者見諒。

所幸我是小說家而非史學家。我認為奇幻小說家就像是異世界裡的煉金術士。創作猶如煉金與煉丹，我們試圖在平凡無奇的日常生活中尋找有趣的、神秘的、難解的、閃閃發光的素材，經過一番敲打研磨，再加上一點點奇思妙想，詠唱世代相傳的咒語，努力將一團晦暗不明、無以名狀，冶煉成永恆的故事之金。

因此讀者若能將本書視為是一位喜歡觀察日常生活、鑽研冷門知識、腦內小劇場異常豐富的奇幻小說家，歷時多年勤奮記錄多則「腦洞大開的妄想」，同時檢附證據的手札筆記，並以「這個作者到底在寫什麼碗糕？」的心態來閱讀，然後一不小心就入坑、浸淫其中，應該能獲得最佳體驗。

本書的出版首要感謝秀威資訊科技股份有限公司宋政坤總經理及鄭伊庭經理，特別是和伊庭經理 a.k.a. 編輯大人會面討論時，竟有種彷彿重回校園與教授 Meeting 的感覺，令人不禁懷念起昔日在「城中大學」（有看過《律政女王》的都懂）讀碩士班的青春歲月（遠目）。特別感謝劉芮瑜編輯，以過人的細心與驚人的效率神助攻，加速推進本書的進度條；還有負責封面設計的王嵩賀美術設計、封面背景插圖麻繩老師、圖文排版黃莉珊，謝謝你們的加持，讓這本書變得如此美好！

本書的完成首要感謝虎婆，謝謝您在無形之中的監督，助我速速完成本書，謹將這本書獻給您！其次感謝在寫作、購書及田調上有諸多支援的謝良駿律師，期待你在完成博士論文後也能在寫作之路上開花結果；也要感謝建議我把小說及解說拆開來寫的摯友蔡筱涵女士。謝謝掛名推薦的尤美女律師、既晴老師、A.Z.老師、楊海彥老師、「藏書界竹野內豐」黃震南老師、劉秀美教授，還有幫本書撰寫推薦短語的秀霖老師及洪佳如老師。超級閃亮華麗的推薦名單真是讓我受寵若驚，由衷感謝！

最後感謝所有愛護我的讀者們，如果您喜歡這本《虎姑婆調查報告》，也懇請支持本書的姊妹作《蓬萊島物語之虎姑娘》。未來我將以系列作品為目標，持續創作更多關於臺灣的小說，同時進行調查研究，敬請期待！

註釋

1 馬克・布洛克著，周婉窈譯，《史家的技藝》，遠流，二〇二〇年五月，頁八九－九十、九十二。

2 同前註，頁四十七。

3 同前註，頁一七九。

《蓬萊島物語之虎姑娘》的創作故事

夢的解析

《虎姑婆》的故事中沒有夢，但我在創作《蓬萊島物語之虎姑娘》時特別加入夢境元素，一方面是在創作過程中覺得有必要使用這樣的手法，另一方面則是想增加民間故事色彩。曾有人批評以作夢方式解決問題，頗有「機器神（Deus ex machina）」的味道，在此容我占用一些篇幅，闡述「夢」的重要性。

在神話、童話、寓言、民間故事及小說中，夢境的描述常是不可或缺的重要橋段。夢作為神諭、啟示、預言或指引，例如希臘神話中的特洛伊戰爭，源於特洛伊王后赫庫芭在懷孕時做了一個夢，她夢到一支火把將整個特洛伊城燃燒殆盡，這個夢被解讀為腹中胎兒未來將毀滅特洛伊城。希臘神話中還有一位夢神摩耳甫斯，祂能變換不同模樣進入人的夢境中，替死者託夢給生者。

成語「黃粱一夢[1]」敘述唐代盧生投宿旅店，店主人正在蒸黃粱，期間盧生作了一場富貴夢，待他醒來，黃粱卻還沒蒸熟。故事寓意為榮華富貴如夢幻泡影，而且十分短暫。還有「莊周夢蝶[2]」，敘述莊周在夢中化為蝴蝶，翱翔於在天地之間，不知自己身為莊周。突然間清醒，才發覺自己仍為莊周。後世引申為人生變幻無常。曹雪芹也在《紅樓夢》裡寫了無數個夢，藉由夢的細節、預兆與現實發展的虛實交錯，相互交疊、呼應或對照，成就一代文學經典。至於童話故事中驚心動魄的歷劫與冒險，更多是一場遊戲一場夢，例如《愛麗絲夢遊仙境》及《彼得潘》。

心理學家榮格認為，夢是人「潛意識／無意識（Unconscious）」的展現，潛意識不僅是過去心靈經驗的儲藏室，也包含未來心靈處境與念頭的胚芽。夢是一種隱喻式的間接表達，像解謎般逐一分析夢中的象徵形象所代表的意義，如此解析夢境方能瞭解一個人的心靈生命歷程。此外，夢具有意識補充或人格缺陷補償的功能，統合關聯意識與潛意識，以便維持一個人的生理健康與心理平衡；夢也提供告誡，藉由夢中發生的危機，警示作夢者小心行事；夢還能預言未來，夢中發生的災難或死亡，有時不幸地成為現實。

我們的夢，絕大多數都與透過自我發展正確的內在觀點以走向本我有關。值得注意的是，人們夢境中的主題時常與神話、宗教儀式、民間故事中的主題高度類似，佛洛伊德稱之為「原始殘餘（Archaic Remnants）」，它是一種存在於人類潛意識中的古老、原始的史前元素，繼承自我們的遠古祖先，會以微妙的方式影響我們的行為、情感和經歷。榮格則稱之為「原型」，它是人類本我的普遍性質，以象徵的方式向人顯現，包含宗教儀式、神話與巫現象。榮格並提出「集體潛意識（The Collective Unconscious）」概念，他認為我們的心靈傳承了人類共通的心理遺產，不過這些原始神話象徵既古老又陌生，需要透過分析師的辨認與詮釋才能知道它的意義。

河合隼雄指出，夢境具有個人意識的補償機能，而民間故事也具有人類集體文化與規範的補償機能。尤其民間故事的內容與創作的年代及文化關係密切，具有對時代與文化的補償性[3]；甚至超越單純對意識的補償，成為人類的自我如何在普遍的潛意識中紮根，並確認自身存在的體驗[4]。

《聊齋誌異》中的角色常夢到各種奇人異事，作者蒲松齡透過夢開啟進入異世界的大門，藉由描述夢狀的恍惚、朦朧將故事移轉到另外一個時間與空間，作家閻連科稱之為「淺夢寫作」：夢境中「可無限伸縮的空間成了故事騰挪、展開的全部舞台和場地。一個作家的想像能力，借助這個可以無限大的空間獲得了隨心所欲地施展和揮灑。而一旦離開了這個夢空間，現實的時間會如繩索一樣束縛作家的想像和故事的邏輯與可能。[5]」

夢作為一種小說寫作的方法，能改變、跳躍、擴張故事中的時間與空間，甚至創造出全新的時間與空間，猶如「一位行者踏入了一片開滿鮮花的處女地，無論朝著哪個方向去，都可能是一條新路和一路都是新寫作的鬱香和金色。[6]」由此可知，好的小說家必然是愛作夢，也懂得如何作夢的造夢者。

註釋

1 唐代沈既濟《枕中記》。
2 《莊子・齊物論》。
3 河合隼雄，林詠純譯，《民間故事啟示錄：解讀現代人的心理課題》，心靈工坊，二〇一八年十二月，頁一九六—一九七。
4 同前註，頁二〇一。
5 閻連科，《聊齋的幃幔》，聯經，二〇二三年一月，頁三百。
6 同前註，頁三〇九。

狗的地位

黑狗黨是一個從上古時代以來就存在的神祕邪惡組織，成員均為修練成精的黑狗。牠們以殺人為樂，所到之處，必然掀起一場腥風血雨。

——摘錄自 Aris 雅豊斯《蓬萊島物語之虎姑娘》，釀出版（秀威），二〇二四年十二月，頁一〇三。

小時候曾經聽過阿嬤說：「豬毋肥，肥對狗去。」長大一點才明白，這句話源於重男輕女的觀念，原意是「該胖的豬沒養胖，卻胖到不該胖的狗去了」，引申為家族裡的男孩不上進，但女孩卻發展得很好。由於年代久遠，我已經想不起來當時阿嬤為什麼會說這句話，但應該不是在講我們家，因為我的弟弟們都比我會念書（慚愧）。

常言道：「狗是人類最忠實的朋友。」不過昔日臺灣社會卻將狗視為低等生物，罵人也常常用狗來比喻[1]，例如：「勸恁有孝千萬句，袂曉有孝豬狗牛。」奉勸人要孝順父母，不懂得孝順就像豬狗牛。「驚某大丈夫，拍某豬狗牛。」怕妻子的丈夫是男子漢，打妻子的丈夫連畜生都不如。「豬狗精牲」原義泛指家禽家畜，後用來比喻卑鄙無恥的人。另外還有「痟狗」、「走狗」都是用來罵人的詞。

民俗上認為，狗看得到鬼魅，會對著遠處吠叫[2]「吹狗螺」，是不祥之兆。如果狗爬上屋頂，七日內必然發生火災，必須請道士來消災作法[3]。如果狗死掉了，必須將牠投入流水之中任其漂流，才能成佛或投胎轉世為人。如果把狗埋在土裡會變成妖怪作祟、危害人類[4]！

註釋

1 臺灣人以狗看作獸類中最卑劣的動物，罵人亦以狗比喻。片岡巖著，陳金田、馮作民譯，《臺灣風俗誌》，大立，一九八六年版，頁四七五。

2 臺灣人聽到狗遠吠時，相信是狗見到鬼怪而生出恐懼心理。同前註，頁四七五。

3 片岡巖著，陳金田、馮作民譯，《臺灣風俗誌》，大立，一九八六年版，頁四六四。

4 同前註，頁四七五。

釀文學294　PC1132

虎姑婆調查報告

作　　者	Aris 雅豊斯
責任編輯	鄭伊庭、劉芮瑜
圖文排版	黃莉珊
封面設計	王嵩賀
出版策劃	釀出版
製作發行	秀威資訊科技股份有限公司 114 台北市內湖區瑞光路76巷65號1樓 電話：+886-2-2796-3638　傳真：+886-2-2796-1377 服務信箱：service@showwe.com.tw http://www.showwe.com.tw
郵政劃撥	19563868　戶名：秀威資訊科技股份有限公司
展售門市	國家書店【松江門市】 104 台北市中山區松江路209號1樓 電話：+886-2-2518-0207　傳真：+886-2-2518-0778
網路訂購	秀威網路書店：https://store.showwe.tw 國家網路書店：https://www.govbooks.com.tw
法律顧問	毛國樑　律師
總 經 銷	聯合發行股份有限公司 231新北市新店區寶橋路235巷6弄6號4F 電話：+886-2-2917-8022　傳真：+886-2-2915-6275
出版日期	2024年12月　BOD一版
定　　價	350元

讀者回函卡

Printed in Taiwan

國家圖書館出版品預行編目

虎姑婆調查報告 / Aris雅豊斯著. -- 一版. -- 臺北市：
釀出版, 2024.12
面； 公分
BOD版
ISBN 978-626-412-018-0(平裝)

1.CST: 民間故事 2.CST: 文學評論 3.CST: 民俗學
4.CST: 文化研究

539.5 113015523